网课十讲

方柏林

/

著

华东师范大学出版社

图书在版编目（CIP）数据

网课十讲 / 方柏林著 . —上海：华东师范大学出版社，2020
ISBN 978-7-5760-0206-5

Ⅰ . ①网 ... Ⅱ . ①方 ... Ⅲ . ①中小学—网络教学 Ⅳ . ① G434

中国版本图书馆 CIP 数据核字（2020）第 041321 号

网课十讲

著　　者	方柏林
责任编辑	顾晓清
责任校对	李琳琳　时东明
封面设计	朱静蔚

出版发行	华东师范大学出版社
社　　址	上海市中山北路 3663 号　邮编　200062
网　　址	www.ecnupress.com.cn
电　　话	021 - 60821666
邮购电话	021 - 62869887
网　　店	https://hdsdcbs.tmall.com

印 刷 者	苏州工业园区美柯乐制版印务有限责任公司
开　　本	787 × 1092　16 开
印　　张	11.25
字　　数	104 千字
版　　次	2020 年 4 月第 1 版
印　　次	2020 年 4 月第 1 次印刷
书　　号	ISBN 978-7-5760-0206-5
定　　价	39.00 元

出 版 人	王 焰

（如发现本版图书有印订质量问题，请寄回本社市场部调换或电话 021-62865537 联系）

编辑说明

　　2020 是病毒之年，也是网课之年。当线下教育在仓促之中大规模向线上转移时，人们似乎更怀念从前井然有序的校园生活，对虚拟课堂抱持着一种警惕性怀疑：长时间的屏幕授课让学生难以集中注意力；教师这份"朝九晚五"的工作变成了"996 主播"，并且随时有直播"翻车"闹笑话的风险；家长作为学生的"贴身助理"也疲于在各式软件和任务中跳转；农村与城市之间的教育资源鸿沟也愈发显著。

　　随着国内疫情渐趋稳定，许多地区将复课提上日程，网课学习似乎就要告一段落。然而，据联合国教科文组织统计，全球尚有 8.5 亿（仅含全面停课国家数据）学生无法正常返学，网络教学仍是重要的应对手段。加之疫情的不确定性，线上学习或许会成为一种新常态，急需大量的投资建设。

　　本书认为，网课绝不是对线下课堂的复制粘贴，它不仅改变了授课方式，还冲击了原有的教育理念。新冠疫情让我们认识到，世界是个移动的靶子，社会中没有非黑即白的简单问题。以知识习得为目标的"打靶式"学习过于清晰和虚拟，无法应对现实的模糊和不确定性。网课为反思教学内容、教育方式以及最终目标提供了一次绝佳的机会：现行的教育系统较少看重对学生自制力的培养，而如何有效地进行自我管理是网络时代每个人都要面临的问题。此外，靠精美的课件与商业直播技巧吸引学生太过流于表面，对学习兴趣的激发需要回应当下的现实，帮助学生形成持久而旺盛的好奇心，以及合格社会人理应具备的信息甄别能力。从这点上看，线上教育虽然以虚拟的网络为基，但却是对现实极为热切的关照。

目　录

第一讲

开篇：快速上手

在很长时间里，教学可以说和说相声一样，是一门表演的艺术。老师在黑板面前，在三尺讲台上，面对一个班级的学生，以三寸不烂之舌说学逗唱。职业会带给他们很强的满足感，而且他们在自己各自的教室里，拥有很大程度上的自主权，在小范围内可以决定面前的学生学什么，怎么学。这种状态，也给后来的网课焦虑埋下了伏笔。网课需要技术运用，技术本身和技术带来的教学互动对很多老师来说很陌生，"拔剑四顾心茫然"。哪怕是"成功上线"的老师，也会感慨"这比我在教室里的发挥，起码少讲了 20% 的内容"。

开篇先解燃眉之急，对很多第一次授课的老师的困惑做个解答。

问题 1：网课安排可以有哪些调整？比如学时安排？

答：在学时上，可以考虑错峰上课。在封闭隔离期间，不少家庭家长也在家办公，而家中设备不一定齐备，可供所有人同时使用。网络教育和网上办公的优势是给人在时间上的一定自由度。学校不要复制平时上课的模式，而是安排半天的任务。在恢复正常之前，不妨考虑家庭的现实情况，用"半日制"方式网络上课。

问题 2：对目前网课中常见的直播课怎么看？

答：人们对于网课有各种误解，比如直播课很多。网络上课应考虑"非共时"（asynchronous）学习和"共时"（synchronous）学习的有机结合。在美国，大部分网络课程是非共时的。网络学习的时间计量单位，未必是一节课，而是一周。学生可以利用自己的时间，在一周规定的期限前完成。这对于缺乏自律的中小学生可能难了一些，但对大学生是完全可以做到的。它也是对学生时间管理能力的修炼。

另外需要打破的一个错觉，是网课就必须百分之百时间盯在电脑面前。家长也担心小孩使用屏幕时间过长，影响视力，他们为此感到焦虑。真正好的网课，是在线上发布任务，学生线下完成，在线提交学习成果供老师检测，尽量减少屏幕使用时间。

问题3：那对于低年龄段的孩子来说，网课应该以什么形式存在较为合适？他们时间管理能力没有那么好，手机对他们的诱惑又比较大。

答：学校可以一天分三段时间教学，例如：

早晨特定时间共时教学，老师发布事先完成的讲课视频（可包括已有的教育部门制作的视频），学习所需的其他资源，如果有疑问在哪里提出自己的问题，最后发布当日作业任务。

学生自主学习的时间，让学生去看视频，完成当日任务。这中间学生可以有一定灵活度，比如可以自己决定先完成哪一门课的作业，是否和同学在线讨论等。

下午特定时间，重新在线上课，讲解作业，对教学视频答疑解惑。

手机对我们每一个人的诱惑都很大，因为智能手机已经打破了休闲娱乐、工作、学习的很多界限。为了避免这些诱惑，首先，要以有趣、挑战性的学习任务吸引学生。第二，以学习结果导向，平衡学习时间导向，比如学生学习能力有差异，有的问题学生一看就会，有的学生需要看多少遍，这时在线学习的长处就体现出来了（比如视频可以重复看），不妨加以利用。第三，应该加入一些测评帮助学习。如果有测试，最好做成那种帮助学习的"形成性测评"（formative assessment），其目的是帮助学习，而不计入总分。

与形成性测评相对的概念是终结性测评（summative assessment）。终结性测评是为了对学习的效果作出判断，比如最终给学生的学期成绩，高考，SAT 考试，它属于对学习成果的"确诊"。

形成性测评则是给学习者定期体检，多指频繁、低风险的小考、小测验，它们的主要目的不是甄别优生差生，进行淘汰，它的主要目的是帮助学生改进学习，及时发现问题。"形成性测评"这个概念是由 32 岁就当上了正教授的著名教育家迈克尔·斯克利文（Michael Scriven）提出，后被本杰明·布鲁姆发扬光大，在美国教育界家喻户晓。形成性测评的例子包括随堂小测验、讨论、提问、复述等。它应该允许风险，让学生在安全的环境下出错，及时暴露问题。比如测验可以不计入最终的总分，或是可以多次参与，直到拿到满意成绩，老师取最高分。

另外，学校还可以制定一些在线学习的指引，回应可能会对学生形成挑战的问题。例如：

1）告诉学生过度在线对健康的影响。

2）告知学生如何在电脑、手机上检测自己当日的在线时间，以及时间分配任务（比如多少时间用在了社交媒体上），不少智能手机有这个功能。

3）发布一个每日时间的登记表（time log），让学生随时填写，对自己的时间利用有所反省。

4）为自由学习时段发布建议性计划，帮助无法自律的学生。

问题4：网课的平台和工具有什么选择上的讲究？

答：在技术平台和工具的使用上，应就低不就高，找使用的最大公约数。不要使用只有学校、部分老师才有的应用程序，因为它会使部分学生打不开、用不了，或是要费九牛二虎之力才能打开。老师需要考虑工具使用上的极简主义，不要考虑做得多美多炫多复杂，花里胡哨的点缀无助于学习效果，甚至会形成干扰和额外的认知负荷。

问题5：现在为了吸引孩子的注意力，很多老师费尽心思做课件，还采用很多线上直播的互动手段，有的老师甚至学起了网红"带货式"教学，这些是否也是额外的认知负荷？

答：美国的在线学习，我已经很少听说"课件"（courseware）的概念，更多听说的是"文件"（learning object），它有点类似于课件，但实际上可能是 Word 文档或 PowerPoint 这些较低门槛的办公技术，也可能是老师的视频。老师是不被要求制作技术复杂的课件的，比如各种 flash 做出来的课件，其中充满视角效果复杂的转换等。这对老师来说是强人所难，而且效率低下。制作需要花费大量时间，而且不一定有助于学习。其中的道理，大家不妨看看麦克卢汉关于冷媒体和热媒体的相关说法。

我作为课程设计人员，也不懂得如何设计复杂的高技术水准的课件，我不会，也不必要知道。更需要老师理解的，是如何在 Word 文档、PowerPoint 演示这类平时也在制作的文件中，增加设计元素，使得信息的呈现高效而且美观。貌似低端的"文件"用得好，效果超过费尽心机制作的高科技"课件"。

另外，学习体验需要设计，我上面说的分段学习，其实是想遵循一个人学习常规所需的历程，例如学习者需要知道到底一天要学什么（learning objectives），需要有人讲解内容（content presentation），要有时间消化学习内容（processing learning），需要通过测评检验学习效果（learning assessment），如果真正以学习者为中心，就应该考虑这些过程。

老师在讲课中的网红式教学，如果有助于吸引学生的注意无可厚非，但是不要本末倒置，把老师的"教"，完全替代学生的"学"。老师应该像是一个助产士，把学习的效果引导出来，这是更紧要的事。

问题 6：关于线上教育，有很多学生不满"钉钉签到"，仿佛自己的生活被监视，也有老师不满加班过多，比如为了证明自己一天没有旷工，多了许多填表、汇报的工作。有上班族评价说让孩子们也提

前体会一下工作人士的日常，但这是不是反映出，我们工作流程管理被机器和程序主导以后，存在不合理的一面？

答：我对该软件不熟悉，但是我感觉这种"签到"，还是"替代"（substitution）模式，替代的是上课的点名。全世界大部分地方的教育，目前是围绕"在座时间"（seat time）开展的。自然，在线教育就希望将其替代为"在线时间"（online presence）。但是远程教育的最终优势，是它能攻克"时间、地点、学习进度"的三座大山。如果时间地点上仍不能灵活，也不能照顾学习者进度快慢，那可以想象，一旦特殊情况（如瘟疫）结束，人们很快就把在线教育甩到脑后，因为它并没有发挥优势，反而暴露了很多问题，对学习者、教育者、家长都造成了负面效果。要想发挥进步，必须将时间概念打乱了然后重组，必须利用在线的优势，让学得快学得慢的人都能进步。

问题7：除了学生和老师，家长其实也快被网课"逼疯"了，上课时间通知得不清楚，多门任课老师给出的作业要求有时间冲突，孩子管理能力不行只能家长上。线上教育带来了很多额外的时间成本。有家长表示不耐烦。你怎么看待这些现象？有没有什么办法可以减少管理上的时间成本？

答：这有两个办法，家长不要做"直升机家长"。直升机家长是比喻那些不肯对子女放手，始终在其四周盘旋，随时准备搭救的家长。家长参与学生的学习，可能最为重要的，还是提供学习所需的资源和支持，比如学习资料的采购，软件或应用的下载等。对学习过程要少加干涉，必要时允许小孩在小环节的失败，让其在失败中得到学习。他们自己得来的教训才记得牢。家长抓得越多，孩子的自我推动力会越弱。小孩会形成心理依赖性。小孩的成长，也不光是"搞学习"三个字可以概括的，让小孩像一个小孩那样成长，让他们贪玩一点，发点呆，都是可以的。很多家长自己也够忙了，按质按量完成自己的工作和家庭的任务，对于小孩未尝不是教育。一家人围绕着小孩学习转，形成一种"学习教"，我觉得是很可怕的事。

另外，学校、老师尽量不要安排让家长参与的作业。有的农村小孩是留守儿童，爷爷奶奶或许字都认不了几个，如何参与？任何教学，如果考量的是家长的水平，那就是错误的，除非是有教学任务，让小孩带动家长一起进步。

问题 8：有人文领域的高校老师对网课直播表示怀疑，认为这段时间上网课不如在家好好看书，你认为哪种方式更好呢？高等教育阶段，网课的作用是什么？有必要采取直播课的形式吗？

答：在不解决高速网络和终端的情况下，网课直播没法成为远程教育的主流。如上所述，这是替代型思维。就好比我们做文学翻译，这种教学是直译死译，而非寻找动态对应。

至于用看书取代上课，我觉得可取的思维是学习（learning）大于教学（schooling），看书也是学习的一种方式。但是不可取的思维是二者并非非此即彼，比如同一本书一个班一起看，然后在线讨论，可以呈现不同视角，这有助于丰富学生的学习。另外读书好比给思维补钙，套用一句广告用语"吸收是关键"。不同学生的吸收力是不同的，不要以为扔一本书给学生，他们就可以得到一样的营养。一本书如何和其他书关联，书和作者怎么关联，书和时代怎么关联，都大有学问。老师可以引导学生，围绕书籍磨砺思维能力。我所在单位常年组织读书会，我深深感到群体读书并讨论的好处。读书不一定只是一个人的事。

问题 9：网课系统的建立仅是老师的任务吗？

答：成熟的网络课程的部署和实施，除了老师之外，还有像本人这样的课程设计师、课程管理软件的管理员、学生技术服务台等人员或者机构，帮助老师和学生解决相关的网络学习问题。网络课程的制作和实施，需要一个强大的团队。眼下，中国不少老师还要兼顾防疫抗灾的任务，突然间又要改变方式上网课，等于是腹背受敌，压力山大是难免的。但愿大灾之后，学校会改变自己的网络教育部署，并将其纳入战略重点。

问题 10：我们现在对于网课认识存在的最大的理念问题是什么？

答：是过于强调工具和应用，忽略了网课其实是媒介（medium）、教学方法（methods）和内容（message）三者的有机结合。三者在共生中一变俱变。只改其中一种，比如从线下到线上，其他的不变，比如教学方法和学习内容，肯定是要出现问题的。

另外，认为网络教学只是老师和学生的事，也是很错误的想法。

学校应该对网课有更有力的支持，比如学校或者学区需要配备课程设计师，并提供充沛的技术支持。课程设计师在美国是一个常见职位，一般称为教学设计师（instructional designer）或教学设计专员（instructional design specialist）。他们的目的是让教学过程和内容更加有效果，有效率，而且更诱人。在有些学校，他们是顾问角色，帮助老师审查课程，提供建议。有的学校课程设计师直接帮老师做出课程来，此时老师充当内容专家（subject matter expert）的角色。在中小学，美国学校通常设置课程专员（instructional specialist）的职位，帮助老师使用各种教学方法、解决教学中遇到的教育技术问题。小一点的学校，可能学校没有这种职位，但是上面的学区会有。

建议国内学校设置类似职位，如果目前还没有的话，类似的对口部门可能是电教室和教研组，可以将其中部分人员抽调出来，加以培训，让其专门从事网络课程方面的设计工作。

第二讲

网课的硬件策略

大家可能也留意到了，刚开始上网课的老师和学生中流传出来的欢乐视频很多，也有一些被人称为网课"翻车"事故：

- 小学生以为自己因为新冠状病毒传播，不用上学了，结果老师用网课来"陷害"他们。同学们愤怒地给钉钉打一星，劣评将钉钉软件吞没。
- 山东一所高校的老师，在网课中加美颜效果，面若桃花，家人在中间提醒他多试几次，结果小小的斗嘴被全班全部听见。
- 一位老师让学生"叫一下妈妈"，学生很听话地叫了老师一声："妈妈。"而老师的意思是叫妈妈过来。
- 一位憨态可掬的物理老师介绍物体在斜线上的运动，自己说了半天，没看到反馈，以为同学看不见，当场离席，自言自语说要去找个人来帮忙。
- 一位老师中间去喝茶，把自己嘴巴烫着，大呼小叫，同学们纷纷献爱心，打字问候，"老师你没事吧？"
- 有同学不小心把自己在学习通上的作业全删了，没法恢复，叫天天不应叫地地不灵。

这些原生态"事故"自带治愈效果，不要深夜去看，否则看完睡不着，一激动会披衣起床，开始录播。真的，"翻车"并不可怕，无非是老师不熟悉技术使用而已，但和学生之间的全新交流，也让老师获得了别样体验。稍微尝试几回，就会减少这些所谓的"事故"。

我从这些视频上看到一个共同点，是网课被人等同于"直播"了。换言之网课好不好，就看是老师做成了"十八线主播"，还是现场"翻车"。传统的网课设计者对这种网课简化方式深表不服。

网课究竟是什么？

我们不妨先讨论一下网课究竟是什么。我不止听一个人说过，他们单位里有课程管理系统，但用它来上"慕课"性质网课的老师，多为海外留学的老师。他们当初在国外就是这么上网课的。而国内的网课，则是基于中国应用软件和网络环境形成的学习形态，尤其受微信和微信群使用的影响。二者可有机结合，取长补短。

总体来说，网课是基于互联网学习的授课方式，在电脑、平板电脑、手机或其他联网设备上开展。很多年来，传统网课授课方式是在电脑上开展的，包括桌面电脑。由于桌面电脑不能随身携带，传统网课的主流是"非共时"（asynchronous）的，也就是说大部分课程活动，不要求老师、学生同时在线。美国的网课，已经持续很久了。我2002年刚来美国的时候，就有课程通过 WebCT 平台，作为网络课程在上。当时的技术，并不适合大批量的视频存在，更不要说今天司空见惯的视频直播。

如今，移动互联网和智能手机广泛应用，视频直播已经深入到社会的每个角落。在中国，从繁忙的大都会到偏僻的小山村，都有"抖音"的活跃用户。这种使用习惯和传播方式，让我们可以对当初基于低流量、低存储、窄带宽环境下形成的网课生态加以反思。在 5G 技术普及之后，如果速度、存储这些当年的瓶颈问题都可以顺利解决，增加共时内容，直播教学变成主流，都是完全可能的。在终端的使用上，中国移动互联网迅速普及，在某种程度上也在"弯道超车"，避开了老式发达国家基于电脑的在线教学模式。以中国人口之众，事情做多了，软件成熟了，会形成新的标准，倒逼世界对网络教学的思考。

但是传统的、基于电脑和非共时学习的网络教学，仍有其强大的理论和实践优势。理论上说，远程教育的存在，就是为了打破时间和空间对人的限制。如果以同时在线的直播为主，则让时间上的灵活性无从发挥。在我周围，我看到很多大学是学生住校，大家在同一个校园内，见面并不难，还有人选网课而不选线下课程。这是为什么？是因为学生一天的时间内安排了特定课程，若再加入一门面对面课程，时间或许安插不进。但是如果时间上有灵活度，他们则可以利用其他课程之间边边角角的时间，或者晚上、周末的时间完成这门课的作业。如果完全都按照在线直播的方式去上，都必须安排在上午 9:00–11:00，那就会产生各种时间冲突，导致选课的人数下降。这也是非共时学习成为网课常态的另外一个原因。

什么样的网课能持久?

从线下到线上的网课多依靠设计,逼迫老师进入教学反思,将传统的授课内容打散了重组,寻找动态对应的方式,充分发挥网络的优势。要想网课持久,而不是一阵风,它就应该具备如下特点。

学习成果等同。教是为了学,不管什么形态的学习,学生学习有效果才是王道。网课需和线下课程实现同样的教学目标,这是网络教学最重要的质量检验标准。如果效果不佳,设计得再精美也无济于事。要达成同样的结果,用网课平台,可以迅速看到一道题有百分之几的学生错,学生是否观看了某个视频,看了多久,还可以在教学时对学生加以提示。

全民网课之际,不少老师抱怨网课效率低,但也有老师表示:"线上教学不同于常态的教学,从学习方式的不同,从保护学生视力出发,我对教学内容进行了选择和取舍,把朗读背诵放在了首选位置,把需要精细分析讲解、写作方法的学习留待后面课堂上去指导。没想到意外收到了学生的欢迎,他们更希望听到小伙伴们的声音。"此外,"还可以用连麦、用文字回复、抢答的方式来看学生是不是真的'在线',用趣味互动代替平时课堂上的'监视'"。这位老师把网课上得很带劲。说不定恢复面对面教学后,反而会感觉失落,也可能会把网课的经验和做法,更多融入面对面教学中。

内容单位颗粒化。过去的一节课,无论是 45 分钟,还是两小时,如果放在显微镜下看的话,会包括很多环节,包括目标的传达、内容的讲授、课堂练习、测验、讨论、作业反馈、激励信息、学生对老师的反馈（包括肢体语言），也有段子、闲聊、打岔等等。如果搬到网上，老师就必须对内容作出取舍。通常情况下，上述课堂教学的内容会被分解为更小的教学单元。这些教学单元，容易重新组合，重复使用。

内容分布单元化。上述教学单元，不可以丢在网络上让学生自取，而是需要合理排序。例如可以由易到难，以激发学生的学习信心。通常情况下，老师可使用教学单元替代固定时间的课时。在一个单元里，老师可以放入学校学生学习的特定内容。这些教学单元可以要求学生按照特定顺序学习，也可以进行特定设置，让学生完成单元甲后，才可以进入单元乙。

内容可复制。一门设计得好的课程，可以复制到同一个老师授课的不同学期，也可以复制了给其他老师去上。能否这样，得看内容的颗粒化和单元化做得怎样。如果视频课程中插入过多和当时事件、环境有关的内容，时过境迁之后就没法再用，属不可复制内容，"用过即毁"，下次又得另起炉灶，从头再来。若内容可复制，教学的重点会从内容传授，转入学生的自主学习和教师的辅助与答疑，这对双方都是解放。内容的可复制性，不说明同样的课程可以几十年不变。网络课程需定期更新，去除已过时的内容、死链接、低效的课程策略，这是保持网课质量的必要做法。

时间更灵活。如果说网课缩小了学习内容，使之颗粒化的话，在学习时间上，网课则是把学习的时间单位拉长。传统的课堂教学可能是 45 分钟内容，然后是学生完成家庭作业，次日收上来批改，这些时间基本上是固定的。网课会给学生更多自由时间，比如在美国，大部分网络课程的作业是限定日期一周内提交，如星期一（这是为了给上班的学生周末时间完成作业）。这样学生可以在一周之内，选取任何时间完成学习任务。这灵活不是白来的—— 学生得有更强的自律和时间管理能力。中小学生如果做不到，老师可以渐进的方式完成改变，比如一开始可以是有规律的固定时间上课，但是部分作业可以在一周内完成。时间变更之后，学生不一定习惯。至少在一开始，老师需要利用所在的课程系统，及时给出提醒。

网课的质量标准

设计到具体课程的质量控制，通行的标准包括"网络学习共同体"（Online Learning Consortium）组织的"网络学习共同体"的"计分卡"（Quality Scorecard Suite），和"质量优先"（Quality Matters）组织的网课质量评估表，前者多强调宏观的流程质量控制，包括远程学习项目的管理和学生的支持，而后者强调具体课程的质量控制。在网课的微观管理上，网络学习的标准在研究者和实践者之间，有极大的共识。大家对课程所用的评估方法大同小异，在看过多家标准后，我自己给老师网课评估的评分表通常如下面的两个表格所示那样。

表 2.1 用于网络课程的设计，它假定网课之前，老师已经在平台上放置了大量的内容，包括课程的大纲、教学单元等。教学内容、活动，均已发布在线。表 2.2 则是对授课过程的评价。这是设

计（design）可以和授课（facilitation）分离的模式。理论上说，一门设计完好的课程，换个老师去上，也一样可以奏效。同一门课程，也可以在同一个学期由不同老师去上，或者在不同学期由同一个老师去上，而基本内容和活动大同小异，质量不会有过大出入。

表 2.1　网络课程设计评估表

课程序号：＿＿＿＿＿＿＿＿＿＿＿＿＿＿＿＿＿＿＿＿＿＿＿＿＿

课程名称：＿＿＿＿＿＿＿＿＿＿＿＿＿＿＿＿＿＿＿＿＿＿＿＿＿

课程设计者：＿＿＿＿＿＿＿＿＿＿＿＿＿＿＿＿＿＿＿＿＿＿＿

课程评估者：＿＿＿＿＿＿＿＿＿＿＿＿＿＿＿＿＿＿＿＿＿＿＿

标准	是	否	备注
课程介绍			
● 课程开始提供了课程指引（course orientation），向学生说明了课程如何开展。			
● 课程介绍了网络互动的基本规则和礼仪（online engagement etiquette）。			
● 课程开始发布了课程大纲（course syllabus）。			
学习目标			
● 课程提供了明确且可以衡量的学习目标。			
● 学习的每个单元明确了该单元的目标，而且此目标和课程的目标一致。			
● 课程中告知了学生这些目标如何达成，如何测评，教学策略如何支持这些目标的达成。			
学习测评			
● 测评方法和学习目标、教学策略都是统一的。			

● 课程有合适的形成性测评（formative assessment），促进学习的结果，也有合适的终结性测评（summative assessment），检验学习目标的达成。		
● 评分方法，如分数的构成、权重、计算方式，有明确规定。		
教学材料		
● 课程明确说明了学习材料是什么，如何使用。		
● 课程学习材料较新，或者说尚未过时。		
● 课程对必需材料和建议选用材料有明确说明。		
教学策略		
● 课程使用积极学习（active learning）的策略，而不只是学生被动接受。		
● 课程明确了何时使用同时在线的共时教学（synchronous teaching），何时使用非共时教学（asynchronous teaching）。		
● 课程安排了让学生消化学习内容的学习活动。		
学生互动		
● 课程明确说明了对学生互动参与的要求。		
● 课程有老师和学生互动的部署。		
● 课程有学生和学生之间互动的部署。		
课程技术		
● 课程提供了技术说明（technical requirements），告知学生如何使用网课所需的平台技术。		
● 课程提供了关于其他软件、应用、插件的下载地址和使用说明。		
● 课程的用户界面简单明了。		

学生支持			
● 课程说明了学校内部的支持资源。			
● 课程提供了学习所需的外部资源。			
● 课程介绍了其他和网络学习相关的相关政策和规定。			
特殊学生支持			
● 课程设计体现了"通用设计"（universal design）的原则。			
● 课程为在视听说、个人自律、技术条件等方面存在特殊情况的学生，提供必要的"另类呈现材料"，例如给视力障碍的学生提供的语音材料。			
● 课程介绍了解决特殊学生需求的规定和相关资源。			

表2.2 网络课程授课评估表

课程序号：_____

课程名称：_____

授课老师：_____

课程评估者：_____

标准	是	否	备注
课程介绍			
● 授课开始，有足够时间让学生完成课程指引（course orientation），比如介绍课程要达成什么目标，通常会安排什么教学活动，学生需要完成什么作业，课下具体应该去做什么，等等。			
● 课程开始发布了根据授课老师自身情况调整后的课程大纲。			

• 课程开始，引导学生完成技术的预备工作，比如平台登录、软件、应用下载等。			
• 课程开始有答疑解惑的安排，如讨论区、电话、通信等。			
学习目标			
• 告知学生学习目标如何达成。			
• 测评和教学策略均支持这些目标的达成。			
学习测评			
• 及时批改学生的作业，给出有效的反馈。			
• 评分方法和课程大纲的介绍一致。			
教学材料			
• 合理使用不同学习材料帮助学生学习。			
• 适时使用最新材料补充学习内容。			
教学策略			
• 课程使用积极学习（active learning）的策略，而不只是学生被动接受。			
• 课程中共时教学和非共时教学的使用和搭配合理有效。			
• 课程安排了让学生消化学习内容的学习活动。			
学生互动			
• 课程中老师和学生互动合理有效。			
• 课程中学生和学生之间的互动合理有效。			
学生支持			
• 课程中学生能及时得到内容的支持和帮助。			
• 课程中学生能及时得到技术支持。			

网课十讲

特殊支持			
● 授课过程充分照顾到了特殊学生的需求，例如弱视、听力不好，或有注意力集中障碍的学生，或是仅有手机没有电脑的学生，仅有流量没有无线网络的学生，应该用什么手段去完成课程。			

　　此二表可供老师自测，当成清单使用，也可让他人来"同伴互评"，寻找设计或者授课者的盲点。有些内容，比如"特殊学生支持"，是针对美国相关残障平权保护的相关法律规定，高校所采取的"合规"手段。但是其思维是可取的。中国对应的支持特殊学生，包括弱视或听力不好或有注意力集中障碍的学生，更重要的是家庭属弱势群体的学生。比如家里是不是都有互联网 WiFi 或者手机网络？有没有人手一台可以上网的硬件？如果二孩家庭只有一台设备要怎么把上课时间串开、灵活安排？还有一些老人照看的留守儿童，如果不熟练操作要怎么帮他们一把？还有，如果网课的技术要求过高，学生需要购买昂贵的设备、软件，也就适得其反，违背了互联网的精神，同样是不可取的。

　　回到文初的"翻车"事件来说吧，其实目前老师变身"主播"利弊各半。一方面，对喜欢尝试新技术的老师来说，多了跟 00 后、10 后学生拉近距离的途径，另一方面也需看到，如果当"主播"只是将线下课程平移到网上，上完一次课拉倒，顶多是保存下来让没来得及上课的学生看到，对学校来说不是长久之计的网课生态。我在微博上做了个小调查，问什么样的网课是好课，有位网名"霍格沃茨魔药课助教 granny 梅"同学的回答，很能说明问题。我们不如以它来结束这一讲（文字略有调整）：

不因上线而增加段子，不为形式而拉人作答。技术和沟通有保障，技术缺乏就刷文字评论。以良好备课补充知识，以适时任务作鞭策。家长不因网课而全家游击，老师不因网课而哗众取宠。线上答疑为主，布置作业为辅，教学再次之。线下明确任务时间，规律自学，老师不要干涉。总的来说就是，别做事儿妈。

第三讲

网课的软件标配

2月初，不少中国老师感慨"赶鸭子上架"，硬着头皮上网课；很快环球共此凉热，各国都转入了"停课不停学"模式。比如在美国疾病控制中心正视疫情爆发之前，《高等教育新闻》（*Inside Higher Ed*）就已经发表《新冠状病毒迫使高校进入网络教学》，介绍了上海纽约大学遇到的问题和解决办法。很快，美国教师发展组织POD Network的邮件组上，教师发展、课程设计和教育技术界从业者开始热烈讨论，一旦美国校园被迫关闭，学校应如何应对。美国的高等学校各自独立，没有一个统一的部署，但是优秀的做法被迅速模仿，竟也出现"病毒式传播"。到3月中旬各州学校纷纷停课之时，大家已经推出了"应急教学"页面，这些页面是为了帮助那些从来没有过远程教学经验的老师迅速上手的。我所在的大学也全面进入网课模式，我成了全校最忙的那个人。

在研究首批24所学校的应急预案后，结合网课标配的考虑，这里总结一份网课的软件标配清单。与此同时，针对中小学的情况也做补充和调整。

无歧视沟通：这些应急网页的名称，多以"学术延续性"（academic continuity）、"远程教学方案"（remote teaching options）、"继续教学"（keep teaching）的名称存在，并不具体针对具体的病毒。在命名紧急情况的时候，多用中性说法，如"紧急情况""不安全状况""公共卫生紧急情况""由于不可预见的原因而关闭校园"等。另外，不具体说明病毒，也考虑到了其他导致停课的因素，如恶劣天气。在这些情况之下，各学校整理的策略、工具、资源均可同样使用，而非紧急一次，页面就推倒重来一次。

常设应急机制：不少学校有专门的应急政策，分成不同级别，分别界定。这使得问题来临时，大家可以从容不迫。应急还有不同人负责的领导小组，例如匹兹堡大学布拉德福德分校，分别设有负责"学生预备""教学考虑""行政运营""沟通策略"的四个小组。每个小组有三名成员，即便其中有人出状况，小组仍能继续运营。

添置预警系统：出现需要停课的情况时，及时的沟通至关重要。这些学校的页面上，几乎都说明了自己的应急预警系统（alert system）是什么。这些系统与学生的邮件、手机连通。例如宾夕法尼亚州立大学有 PSU Alert，印第安纳大学有 Protect IU，康奈尔大学有 Cornell Alert. 这些应急系统有的是采用专业的技术解决方案，有的是从学校的学生管理系统中采集学生邮件等联络方式，批量发送信息。除此之外，老师均被告知如何和自己班级的学生及时沟通。中国学校也有自己的系统、软件和应用，比如中小学家校通、微信群、qq 群，一样可以发挥作用，需要及时、有效地加以利用。除了和学生保持顺畅的沟通渠道之外，和未成年学生的监护人取得通畅的联系同样至关重要。

配齐远程教学工具：每所学校都有充足的远程教学工具。所有学校都有自己的课程管理系统，包括 Canvas、Blackboard、Desire2Learn 等。这种整合的课程管理系统如同远程教学的"操作系统"，没有它们的远程教学难以实现，或者难以长期维系。

除此之外，几乎所有学校都有自己的共时远程教学系统，比如被提到最多的是 Zoom，此外还有 Canvas Conference、WebEx、Google Hangouts、Skype 等。其他非共时视频、音频系统则有 VoiceThread、Flip grid、Canvas discussions 等。存储系统包括 Box、Google Suites 等。另外老师还可使用 TechSmith、Pantopod、Kaltura 等视频录制软件录制课程。这些技术系统费用不菲（这也是美国学生学费居高不下的一个原因），但是对于教学的帮助，不仅体现在紧急状况下，也体现在平时。他们通常是平时一直购置，建议老师使用的。有的学校甚至建议老师一学期有一次课不用去教室上，以训练自己掌握这些技术。也就是说，美国老师虽然和中国老师一样也开启了网课模式，但在大部分情况下，强调平时的应用，让他们打的不是无准备之仗，不是临阵磨枪。短期内，匆忙上手是可以的，但是要有一定的长远眼光。学校和老师不应该视网课为仓促应付的无奈之举，应该考虑的是如果这课长期这么去上，如何组织自己的教学。另外一种考虑，是如何在日后的面对面教学中，有效地使用这些工具。

远程教学"急救包"：有很多老师一直不愿意从事远程教学设计，也不去学相关的技术。遇到紧急情况如何尽快上手？部分学校有课程模版或教学资源，让老师可以尽快上手，比如印第安纳大学就把一部分材料放入 Canvas Commons 空间，让老师随时下载了模仿。我自己作为课程设计师，也有不少模版（比如包括在课程里的视频解说、欢迎页面、教学单元范例、求助页面）放在公共空间，供老师随时下载使用。我制作的锁屏软件（Lockdown Browser）的教学说明，已经被老师下载了五六百次，可见使用频率之高。在这个锁屏软件的教学说明单元，我有一个页面告诉老师如何使用 Lockdown Browser，如何给测试添加此功能。这些说明我用的是视频，一步步告诉老师怎么做。此单元的第二个页面，我同样用视频告诉学生如何下载、使用锁屏软件，包括常见的使用注意事项。第三项内容是一个模拟测试，就一个题目，学生可以无限次尝试，其目的是测试自己下载的软件能否正常使用。如果不能使用，应该去学校的技术服务台求助，这样完全缓解了老师提供技术支持的压力。提供了此单元之后，老师就不需要自己花心思考如何帮助学生使用某某软件或者应用，直接下我的说明分享给学生就可以了。

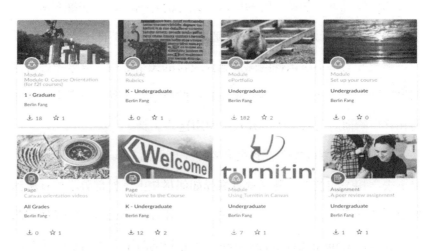

图片说明：供老师下载的资源。如图所示，这些资源包括面对面课程的课程指引（Module 0: Course Orientation for f2f Courses）、评估量表模版（Rubrics）、如何使用 Turnitin、同伴互评作业模版（A peer review assignment）等。

教学策略建议：几乎所有学校都有应急情况下教学策略方面的建议。需要说明的是，这些策略并不是什么是"建构式教学""线上教学和线下教学异同"这些学者常写的话题。这些宏大的话题远水解不了近渴，临时要开网课的老师也看不进去。它们很重要，但应该在平时的教师发展中传播。就好比生活中加强保健的原理，在一个人得了急病要抢救的时候来讲，是起不到多少作用的。我所看到的应急预案网页上的策略建议多"直奔主题"，我给大家摘录几条：

1. 更新自己的课程大纲（syllabus），说明改变的教学方式；

2. 在学期开始介绍紧急状况下如何教学；

3. 将自己的文件做好备份；

4. 及时和学生沟通；

5. 将教学重新优化，考虑什么活动便于线上执行，且不影响教学的结果；

6. 教学内容发布要考虑手机屏幕能否显示（比如有的 Flash 会打不开，不建议使用）；

7. 发布及时回应学生需求的视频；

8. 结合共时教学和非共时教学，尽量选择后者；

9. 根据远程教学平台的优势，调整作业布置、提交、批改的方式；

10. 不追求使用最新最好的工具，而是将自己和学生的需求，与平台的功能综合考虑。

强调教学任务而非技术性能：使用远程教育技术，容易让人关注系统、平台、软件、应用的功能，但是老师和学生更关注的，是某个任务到底如何完成，比如密歇根大学的应急页面上，是围绕着教学任务来描述技术工具的，比如学生要向全班陈述信息可以使用什么工具，老师和全班学生沟通可以使用什么工具，老师和学生单独沟通可以使用什么工具，等等。这样老师可以围绕着任务去选择技术，而不是让技术牵制教学。为了使用更有效的工具，有的学校建议老师使用自己更为熟悉、用起来更顺手的工具，因为某些学校可能同时具有同样两个性能差不多的工具。但是这一点我不敢苟同，有时候过多选择不是好事。

我也不建议只选用自己熟悉的工具。在中国，如果听任老师使用自己最熟悉的工具，可能很多人会选微信，微信本身不是为了课堂和会议而设置，否则就不会有腾讯会议在这次网课运动中的大显身手了。即便在内容分享上，微信本身查找导出不便，文件自动清理会造成丢失，文件多了会造成存储问题，这类问题都是微信作为一个即时通讯工具而存在的固有属性。另外，学生不是都有微信，学生用微信只能用父母的，微信还用于其他很多目的，包括家长的工作需要、社会交往等，这些都会造成比较多的不便。我建议老师学一点新的技术，拉升自己。也不要视其为负担。学个新技术，然后驾轻就熟地用它来完成教学任务，还是很有成就感的。

应急方案的"应急方案"：上述的课程管理系统，本身是一种应急方案，但是一旦他们自己出了问题怎么办？比如假如 Canvas 被黑客攻击，或是学校机房遇到了问题，导致 Blackboard 没法使用，到底如何处理？Zoom 的服务器如果不能应对短时大量的在线教学，要怎么办？应急页面上需说明课程管理系统等常用平台不能使用的情况下，如何使用备用方案。新冠状病毒期间，大批量中国留学生滞留国内，学校课程管理软件链接的云服务，很多学生没法使用。这个问题给大批量招收中国留学生的澳大利亚诸多大学和美国很多大学，造成了前所未有的危机。如果学校事前考虑到应对的技术方案，就不会出现时下的混乱。后来部分使用 Blackboard 的学校，找到该公司在中国的代理毕博公司，让他们提供临时的解决方案。

充足的支持：平时不做预备，紧急时丢一些技术工具给老师，让他们自己去用，是不合理的做法。大部分美国学校平时有大量的人员和技术支持，这包括课程设计、系统管理、技术支持人员。每项技术背后，最好都能找到一个使用的行家，老师需要知道出现疑难杂症的时候，谁最精通此项技术。此外，对于常用的技术应用，学校应该提供包括电话、邮件、在线聊天在内的各种"客服"支持。不让老师去手忙脚乱地准备、实施教学，又要去解决学生或者自己遇到的技术问题。

如果学校资源有限，没法提供这些支持，此服务可暂时外包出去，比如 Attecenter (https://www.attecenter.com/）和国内的毕博（https://www.bearingpoint.com/zh-cn/）可以提供一些网络教学平台和工具支持，而另外一些机构，如"网络学习共同体"（Online Learning

Consortium），可以提供一些网络教学的培训支持。

学时的对应策略：停课不停学，是目前一个很常见的说法。宾夕法尼亚州立大学的说法是，即便校园关闭，每节课也要完成相当于45 个小时的教学任务。这一点在网上具体如何实现，还需要给老师各自判断的尺度，而不是机械照搬线下的模式。如果面临短期校园关闭的紧急情况，老师可考虑取消课程，未必要去用网络来弥补。但是如果延续时间稍长，非网上授课没法完成教学任务的话，要尽量用技术手段去寻找面对面教学的对应。这个对应，需要重启教学思维，重新拆解、组合教学的内容。有些平时使用的教学手段上网实现不了，需要改变。不过，网络也可以提供一些新的机会，让学习经由新的渠道，实现原有的目标。例如内向的孩子上课不大发言，如果使用网络讨论，要求所有人都参与，或许这种学生的积极性反而会更好地发挥。

上述应急的政策、工具、资源、策略，都基于平时的充分预备，而不应该只是临时抱佛脚，否则仓促和混乱还是难免的。我相信，一旦因突发事件，美国校园关闭，除非网络断掉，否则学校教学仍可有条不紊地开展，毕竟远程教学，平时也已"润物细无声"地开展开了。无论是教师技能的提高，还是学习社区的形成，都不能一蹴而就。另外，不能把压力都让老师去承担，一个健全的网络教学环境，离不开学校在基础设施和人员上的充足配备。根据上述总结，中国的网课需要什么配置？我想在这里列一个清单：

表 3.1　支持网课的配置清单

类别	说明	清单
管理支持	网络课程需要有高效的管理支持，确保网课开设的效率、效果。	1. 教师网课质量控制小组／委员会。 2. 具体负责课程开发的部门或人员。
课程支持	学校和学区应配备支持课程设计和技术使用的相关工作人员，右边的清单为美国常见的相关职位名称及其工作职能，国内学校未必照搬，但可以参考，或调整类似机构（电教室、教研室）相应工作人员的工作职能，让其更有效地支持网课的开设。	3. 课程设计师（instructional designer），帮助老师设计网络课程。 4. 课程管理系统管理员（LMS administrator），从事课程管理的维护和管理。 5. 数据分析师（Data analyst），分析教学平台上产生的数据，并加以利用。 6. 系统整合人员（integration specialist），这个职位具体负责不同平台和工具的衔接，有时候需要特定的编程技能。
技术支持	通常情况下，技术运用尤其是网络教学常态化后，需要对教学中遇到的硬件软件问题，及时提供帮助，不要指望老师又负责教学又负责技术，疲于应付。最为重要的是，学校、学区必须配备同样的线上教学平台。	7. 技术服务台（Helpdesk）。 8. 稳定的课程管理系统（Learning Management System，简称 LMS）。 9. 直播教学平台。 10. 如果 LMS 不自带的话，应有作业管理平台和测试平台。 11. 音频制作软件。 12. 视频制作软件。 13. 云端存储方案。

类别	说明	清单
多媒体支持	视频直播或者录播，是时下不少老师开设网课的主要模式，也是很大的压力源。视频和音频的制作，老师可以使用专门的录音室，有专业人员协助他们。如果没有录音室，必须给老师配备录音、录像所需软件，或者提供免费软件、应用的建议和下载地址。	14. 录音设备（电脑、麦克风、话筒）。 15. 录音设施（录音室）和相关软件。 16. 协助媒体制作的媒体专员（media specialist）职位。
资料支持	网课有时使用纸质图书，但是越来越多的教材出版者提供电子教材，和配套的教学或者学习资源。版权保护的考虑，使得这些电子资源的获得和使用比较复杂，下载、安装、登录，都有一定的壁垒，教师不一定能够完全解决，需要书店支持。与此同时，还有一些资料，比如文献、音频，可能需要图书馆提供支持。	17. 图书馆资料。 18. 图书购买信息。

类别	说明	清单
法律援助	网课使得资料的使用充满了复杂性，有些资料属版权保护范畴，不可以在教学中使用。有些资料在某些国家或者地区，如仅作教学的非营利使用，可以在"合理使用"（fair use）的原则下，有限地免费使用。另外一些资料则不在专利和版权法的保护范畴之内。换言之，版权问题就如同红灯（不可用）、黄灯（需要判断）、也有绿灯（可放心使用），判别起来很复杂，也不是大部分老师的专长，所以需要有法律顾问或法务部门的配合。	19. 文件使用和传播的学校规定。 20. 法律咨询人员 / 办公室。

　　学校需要把这些支持的配备，当成战略重点来抓。谁先形成适合网络教学的生态，谁就会让网课常态化，成为促进学校发展和学生学习的利器。

第四讲

如何上直播课

诸多老师第一次上网课，是从直播课开始的。这未必是网课的终点，却是个不错的起点。直播是最接近面对面教学的一种教学方式：大家虽然不在一个地方，但是同时在线，便于老师掌握课程进度，只要把一开始的技术问题解决了，直播课可能上手更快一些。

不过任何工具的介入，都会深入地改变人类活动（包括教学活动）的方式和内容。直播课不能像教室授课那么随意，必须要考虑课程的精简和筛选。线下转线上直播，要改课程的架构和内容，要做什么内容的在线直播，什么内容让学生用自己的时间完成，这些决策增加了直播预备的复杂性。其次，在直播中，教师自己的基本功就更加走到了台前，有些课程被录下来后，会在网上放比较久的时间，烂课也因此更容易暴露。因此，在直播之前，老师需要做好各项准备工作。

我们准备在这一讲里，介绍如何选择平台和软件，如何设置，以及如何利用多媒体学习的原则，提高直播课的效率和效果。

如何选择平台

直播的核心，是发挥稳定的远程教学平台。远程办公会议系统所用的平台可行，但有教学专用的平台自然更好。一开始，老师可以自己在家多试几个平台，然后再作选择。如果学校已经选定某些平台，那么最好使用学校统一的平台，而不追求性能最出色的平台。为什么？如果每个老师都自行选择自己的平台，会导致同一所学校平台过多，学生上课需要频繁切换，增加学习负担。有时候他们的电脑、手机都不一定有足够的空间来安装过多的平台或者应用。学生有一个统一的平台，功能或许略逊一些，但学生知道在用什么，可以缓解上网课的焦虑。如果学校没有选择，需要老师去选，需要考虑平台有无如下核心功能：

1. **双向语音交流**。老师和同学都可以打开外接或内置麦克风，开展双向语音交流。

2. **图像视频交流**。平台可以利用电脑或者手机的摄像头，让老师、学生彼此看到头像，这个头像未必时刻都要使用，但是在必要的情况下以及在某些学科（如体育、绘画、音乐）上，会发挥积极作用。

3. **屏幕分享**。平台应该允许老师分享自己的屏幕画面，以及自己在屏幕上操作的实况，这个功能通常远比头像视频更为重要。很多教学过程，是需要老师去演示给学生看的。缺乏屏幕分享功能的网课平台，就如同没有黑板和粉笔的教室。

4. **书写板功能**。平台最好要有手写板功能，让老师能够写写画画，在线讲解，也可随写随擦。

5. **文字聊天**。语音和录像由于硬件设置的关系，有时候一开始会出现问题，有文字聊天功能，能迅速开展沟通。有些教学内容，例如链接的分享，在聊天窗口分享更为简便。

以上属直播课的核心功能，缺了它们，会严重影响教学质量，建议学校和老师慎重考虑。其他一些功能非为必需，但是如果有更好。

6. **录像**。老师的教学过程可全程录像，以便特殊情况不能出席的学生后来能看到，或者让有疑惑的学生课后再看。

7. **答题 / 投票**。老师随堂提问，让学生选择，如判断正误、多项选择，当然可以用聊天来实现，但是聊天没法及时汇总。有些软件，如 BigBlueButton 有投票功能，让老师随时随地提问，全班迅速回答，老师迅速得知结果，了解同学学习的进度。

8. **分组**。有些平台还有分组、分教室的功能，让一个班级的学生分成几个组分别讨论，这也是比较独特的教学功能。

9. **课堂管理**。比如让学生举手提问功能，有的话很方便，相当于老师在线点举手的同学依次发言，没有的话也可以在事先约定好规则的情况下，用聊天窗口取代（例如："同学们如果有什么问题，我会留出十分钟时间回答。大家可以先把问题记下来，在我讲课结束后，在课程聊天窗口提交。我讲课时间请勿提交，以免影响其他同学。"）

眼下可供选择的软件，我自己用过的体验较好的包括 Zoom、腾讯会议、Adobe Connect、BigBlueButton、CCTalk 等。其中 Zoom 平时可免费使用 45 分钟。使用网红平台和其他非教学性平台的一个问题是，我担心会出现其他和教学无关内容，基于大数据的自动推送，可能会干扰教学进程。过去美国也有很多老师用 YouTube，但是 YouTube 上什么都有，有时候学生先进去看教学内容，后来就被其他内容带走了，形成了干扰。所以后来，美国的视频教学一般使用专用的管理软件，如 Pantopod、Studio、Kaltura 等。当然有时候 YouTube 上的东西还是有用的，老师一般会镶嵌到页面里，以避开广告、内容推送的干扰。我想这个道理是一样的。

如何预备直播

选择了合适的平台后，直播前可做如下的技术预备，让直播效果更佳。

1. 配置必要的语音、视频硬件

老师最好需要配备外置耳机、麦克风，以免电脑的风扇等声音影响效果，另外外置耳机、麦克风可避免自己讲课声音回弹。

2. 找到适合直播的地点

无论在家中还是在外面，最为关键的是要找到尽量少有干扰的地方，这可以是书房、卧室、客厅，但也有人用自己的衣橱间、阁楼、阳台，总之尽量减少外界环境对自己的干扰，不要让家人吸地毯的声音跟自己"抢麦"。也要减少自己对他人的干扰。这有时候需要和家人约定好，并在门上写好正在直播的提示信息，写清楚何时结束。直播地点的背景，尽量干净整洁，没有杂乱和过多分散视线的物品或陈设。现在软件有些可以设置自己的摄像头虚拟背景，无论在哪里，都可以呈现海阔天空或者诗情画意，也很不错。

3. 创建一个直播的账号

我不知道大家的电脑屏幕是什么样子，我自己的屏幕上文件很多，这对于直播和录播课都是不利的，会影响视觉效果，造成不必要的干扰。我的经验是在电脑上另外开设一个用户账号，专门用于直播时登录的账号。该账号仅安装上课所需的软件，以及课程资源（比如演示文档），也不打开任何网页，屏幕上白茫茫一片真干净。在需要直播、录播的时候，我会从个人账号切换到此账号，这使得录播效果好了很多。苹果电脑和 Windows 电脑都可以操作。

另外一个避免干扰的办法是，设定电脑、手机等设备的"免打扰功能"，以免弹出不必要的对话、日历提醒等，干扰正常的教学。有些电脑上有免打扰功能选项。你可以选定特定时间不要打扰，或者在电脑连接到外置显示器时免打扰。此功能开启后，可避免弹出与工作无关的视频、音频、广告和提醒，影响教学。

倘若你的设备上没有这个功能，变通的办法是重新启动电脑，让所有程序关闭。重启后，仅打开直播所需的平台和相关软件。

4. 测试语音和视频

上课之前，可利用同样的平台，与同事、家人、朋友预先测试，确保声音图像应有尽有，各项自己可能需要的功能也都去测试一遍，包括自家网络环境下，视频或音频的播放是否卡顿。如果存在卡顿，就未必在直播中使用这些多媒体材料，而可以提前发布给学生，让他们用自己的时间去看。

5. 提供平台使用指南

上课之前的几天，找到关于平台使用方法的官方说明，最好是视频，发给学生和家长。如果平台的官方说明多而无当，自己只需用一小部分，可另外录制一段屏播视频给学生和家长。也要询问学生是否存在任何困难，比如会不会有学生需要"凿壁借光"——家中没有网络，需要去蹭他人网络，甚至连电脑、手机全都没有。这些情况需要反馈给学校，看有无可能解决。自己如有解决的办法，也需要纳入考虑，总之不让贫困学生缺席这个新课堂。

直播课上什么

开始直播课之后，到底和学生讲什么？由于各个学科不同，对内容的讲述方式就不同，这里就不在行家前班门弄斧了。总的来说，直播课和面对面课堂教学最为接近，讲课方式所需变化并不多，但是仍需要做一些小的调整，例如：

- **以暖场环节开场**。虽是直播，大家或许都可以看到彼此头像，但是屏幕相隔，还是增加了一些隔绝，而良好的课程氛围和师生关系，对学习都是有帮助的。课程开始，不妨安排一些"暖场"的环节，比如播放音乐，播放表示欢迎的演示文档，播放平台使用说明等，让学生在屏幕前轻松下来。如果学生一开始上课的情绪是焦虑、恐惧的，会严重影响教学效果。

- **介绍学习目标**。介绍当日要讲的内容和要达成的目标，同时说明线上线下分别要完成的学习任务。很多老师上课，无论线上线下，均直奔主题，而没有对每一节课程的目标以及此目标和其他目标有何关联有所介绍，十分可惜。开始介绍学习目标和计划，对学生是督促，对老师也是约束，以免课上着上着开始说起段子，离题千里。

- **缩短授课时间**。学生在线上课，可能注意力不能长期维系，如果直播课时间过长，学生可能会走神。老师不妨让直播课程比平时的课程时间更短一些，留出一些时间让学生完成作业、自测、查阅资料等。

- **利用投票或测评功能**。如果平台存在投票、测验功能，应该充分利用，随时把握学生学习的进程。这些功能，会给网课增加面对面教学所没有的一些趣味和效率。

- **增加必要的在线互动**。在传统课堂上的学习，学习过程是社会化的，学生们一起学习，其间有师生互动，以及学生和学生之间的"生生互动"。在网课上，学生可以通过聊天窗口公开"私聊"，老师也可以提问，让学生回答。或者反过来，学生提问，老师回答。这些互动的设计，都需要事先说明规则，比如什么时候开展，发言注意事项等，这些不妨在课程开始时交代清楚。也有些新的小软件提供了课上"递纸条"的功能，也可以采用。

给直播课"增效"：遵循多媒体学习原则

直播型网课，完全是文、图、声、像齐备的多媒体教学。多媒体教学调集人的不同感官，需要遵循多媒体环境下的学习原则。美国教育心理学家理查德·E. 梅耶（Richard E. Mayer）针对多媒体教学提出了十二条基于实证研究的原则。下表中，我们将描述这十二条原则分别是什么，以及它们如何使用在直播课上：

表 4.1　多媒体学习原则在直播中的运用

多媒体学习原则	梅耶的说明	直播中的应用
连贯原则（Coherence Principle）	"若是排除而非包含无关的单词、图片和声音，学习效果更佳。"	应该删除和教学内容无关的点缀性文字、图片和声音。关闭不常使用的功能。
信号原理（signaling principle）	"若能够提示课程材料如何组织的相关信息时，学习效果更佳。"	在课程开始的时候，花一点时间介绍课程目标、内容组织方式、教学方法。
冗余原则（redundancy principle）	"'图形+语音说明'的组合，胜过'图形+语音说明+屏幕显示文字'的学习效果。"	不要将自己要说的话，原原本本放在屏幕上照着念。
空间连续性原则（spatial contiguity principle）	"当页面或屏幕上的对应单词和图片彼此靠近而不是彼此远离时，学习效果更佳。"	如果屏幕上同时出现图片和对应文字时，要将其放在一起，而不放得过于凌乱。这在制作 PPT 的时候尤其需要注意。

多媒体学习原则	梅耶的说明	直播中的应用
时间连续性原则（temporal contiguity principle）	"当同时而不是连续展示相应的文字和图片时，学习效果更佳。"	除非测验，图片和文字应该放在同样的页面上，而不是分离开，一前一后播放出来，让人记不住相关的对应。
细分原则（segmenting principle）	"课程分成单元，让用户可以按照自己的速度去学，学习效果会胜过长时间连续播放的形式。"	直播课不宜做成和面对面教学完全一样的45分钟讲课的模式，如能将内容切分开，分成几段，效果更好。也要考虑有无录播的选择，提前录好被"切分"的多个小视频，让学生可以依据自己的学习进度去看。
预习原则（pre-training principle）	"了解主要概念的名称和特征后，学生可以从多媒体课程中更好地学习。"	部分课程内容，比如基本概念和定义，可以先让学生阅读，或是告知学生应该去看教材中的具体内容。
情态原则（modality principle）	"'图形＋解说'的讲授方法，效果胜过'动画＋屏幕文字'。"	不要浪费时间和精力制作Flash动画，其效果通常不如你放置图片在屏幕上，亲自和学生讲解。
多媒体原则（multimedia principle）	"人们从'文字＋图片'中学到的知识，要胜过仅有文字的呈现方式。"	可以在自己的直播课程中，增加一些能说明概念的图片。

网课十讲

多媒体学习原则	梅耶的说明	直播中的应用
个性化原则（personalization principle）	"多媒体课程中，当老师用非正式口语上课，而不是正式风格来上课，学生学习效果更佳。"	老师上课不要用那种类似官腔或者学术文章风格的授课方式。更为口语化、原生态的语言，会更能吸引学生注意。
语音原则（voice principle）	"以友好的真人语音，而不使用机器语音来讲授多媒体课程，学习效果更佳。"	虽然现在有很多人工智能手段，将文字转换成机器朗读的语音，但是真人讲解通常效果更好。
图像原则（image principle）	"从多媒体课程中，老师的头像添加到屏幕上，无助于学习效果。"	梅耶认为那种"十八线主播"式的"大头照"放在屏幕上无助于学习效果。不过，这是相对于屏幕上播放图片加讲解，比如你如果要讲解的是细胞结构，肯定把细胞结构图片放在屏幕上，比老师头像放在屏幕上更有效果。在实践当中，老师头像放在屏幕上无妨，可以让学生看到老师表情和反应，不然仅仅让学生看PPT，学生也会感觉枯燥。

给直播课"减负"：合理利用学习过程中的认知负荷

老师一开始从事直播教学，需要穿梭于教学内容、课堂管理和技术配置等多个环节，这是一种新的复杂过程。不过适应之后，大家会发现其实也简化了很多问题，也有比面对面教学更简单的地方。例如，如果课堂上有学生喜欢插嘴，在网课上老师可以将学生的麦克风静音。为了减少直播的复杂性，增加专注力，建议老师在上课前重启电脑，不打开无关的程序和页面，先将需要使用的内容准备好。

更为重要的事项，是如何让学生学习更为专注。这需要对其"认知负荷"进行有效考虑。"认知负荷"理论是由澳大利亚认知心理学家约翰·斯威勒（John Sweller）首先提出来的，指的是学习者在学习过程当中，使用了多少"工作记忆"。

在解释认知负荷之前，我们不妨简要介绍一下人脑的"信息处理"原理。人之学习，就如同电脑的工作，一开始学习者会接触信息，这些信息，由于种种外在和内在原因，有些中途丧失，余下的部分，进入"工作记忆"（working memory），相当于电脑的缓存。进入"工作记忆"的信息，有一部分会丧失，余下的，经由存储、消化、回顾、练习等，进入学习者的长期记忆。进入长期记忆的内容，才算学会了，掌握了。

表 4.2　优化直播课中的认知负荷

认知负荷种类	说明	如何在直播课中利用
内在负荷 （Intrinsic cognitive load）	教学任务自身 的难度	• 在介绍复杂概念之前，应该让学生有机会掌握更为简单的概念，循序渐进。有些基本概念和技能，如果班上掌握的程度参差不齐，不妨先以文字或者录像的方式，预先发布给学生，在直播前让其了解。 • 课程的内容越颗粒化，就越能够对症下药，让学生从不会到会。著名的可汗学院创办人曾经介绍，他之所以开始视频教学，是因为他一个亲戚小孩被认为数学不好，结果他发现只是某个关键的学习点她没有掌握。他将这个学习点介绍之后，小孩就进步很快。
外在负荷 （Extrinsic cognitive load）	影响教学的外 在因素，包括 导致注意力分 散的元素	• 减少各种无助于教学的"视觉糖果"。 • 授课应该尽量在相同的平台下，不需要频繁切换，因为转换中会分散注意力，增加外在负荷。 • 不要使用可能会有很多外在因素（比如广告、插件、弹幕等）的平台。 • 尽量减少学生一次接受的信息单元数，有些内容虽然已经开发好，但是如果不是本节课所讲的，就不必全部堆积出来，让学生眼花缭乱。

认知负荷种类	说明	如何在直播课中利用
关联负荷 （Germane cognitive load）	指思维模型 （schemas）的 处理和创建 过程	• 通常来说，学习就是一个人的思维模型越来越复杂的过程。这种关联负荷，是让学生将一次课程的学习，和他日渐复杂的思维模型建立起关联。这种关联对于学习是有益的。 • 可利用图表的方式，一开始就让学生看到本课和其他学习内容之间的关联关系，以及这一节课学生处在学习地图的什么位置。 • 通过提问等方式，在直播中将学习的内容和学生的背景、关注点、期望值联系起来。

　　总而言之，直播课力求有效利用学习过程中多媒体的使用原则，人脑的"内存"，不让其负荷过大。另一方面，在学习内容上，要由易到难。同时，要让学生不仅见到树木，还要见到森林，把当时的所学和更大的背景联系起来，产生关联。

　　当然，不是所有的课程都必须以直播课方式完成，有些内容可以是事前录播的。直播和录播可以自由切换，相互补充。

第五讲

如何上录播课

古代思想家荀子曾称："不闻不若闻之，闻之不若见之，见之不若知之，知之不若行之；学至于行之而止矣。"很多时候，我们想深入了解某项知识，光"听之"不够，还需要"见之"。视频让学习者"看见"。过去，网络课程受录像、存储、带宽等技术限制，视频教学是小部分人的专利；而今，大部分人的手机都有录像功能。录像从少数特殊场合的使用，进入到人人都可以操作的年代。

直播和录播都使用录像，只不过前者是同时在线，后者是事先录制，未必和学生同时在线。直播课由于和面对面教学形式类似，颇受老师欢迎。但它也有一些先天不足。首先，它要求老师学生同时在线，如果学生因种种原因（例如家中只有一台电脑/手机/平板电脑能打开直播平台，而其他人正好也要使用），不能在线，就会有所耽误。第二，直播课如果没有录下来，学生没有学会，回去查找非常困难。即便录下来，存档了，查找一样困难。直播的录像不像文字那样有方便的检索功能，能迅速找到相关的知识点。第三，直播课面临网速、流量、平台等方面的技术限制。有的软件在苹果手机上能安装，到了安卓手机上安装不了。

上面的这些限制和劣势，有些反过来恰恰是录播课的优势。在视频教学方面，录播课更应该是主流选择。在这一讲里，我们分别介绍录播课需要考虑的一些问题。

录播课要达到什么结果

和直播一样，用视频、音频录播教学而非仅使用文字，会有一些强大的优势。不过录播也不是要把老师变成二流演员，或者是十八线主播。技术应该逐渐透明、隐身，让老师做老师而非主播，学生在听课而不是看戏。老师应该追求利用多媒体教学达成如下结果：

强化师生关系。网课上如果老师一直不露脸，也不发声，而是躲在文字后面，则无法让学生了解老师是什么样的人。很多时候，人们是因为熟悉了一个人，才会在乎他要教的东西。个人在网课中的社会存在（social presence），是学习效果的一部分，也是教学职业的乐趣之一。

增加学习渠道。网络教学中内容呈现如果仅有一种方式，比如文字，是容易限制学习效果的。网络质量控制的一个共识，是增加学习的"多元渠道"（multiple paths to learning）。对于残障学生来说，增加学习渠道，有时候不是锦上添花，而是雪中送炭。如果大量使用文字阅读材料，要求学生家长打印，有些贫困家庭也会非常为难。他们或许连电脑都没有，遑论打印机？如果有音频可听，则能下载至手机上去听，这就让内容的发布有效得多，也会缓解看屏幕时间过长、视觉疲劳、影响视力这些问题。

节约教学时间。这一点有些反常识：一般情况下，很多人会认为，制作录播课太花时间了，哪像我平时上课，铃一响我就可以走？

其实，在一个老师的职业生涯中，同样的概念，可能要重复无数遍，学生的理解还参差不齐。如果把相关课程制作成录像，可重复使用，就不必再三讲述同样的概念，而把更多精力，放在学生辅导和答疑解惑上。

另外，文字交流速度比说话慢。我今年暑假做了一项研究，访谈了一些老师，后来我将录音转成文字，发现五分钟的说话，转换成文字后，竟然是七八百字。有些老师改作业的时候，打字过多，改用了录音或者录像提供反馈，发现速度快了，也更受学生的喜爱。

改进学习效果。最后一点，也是最重要一点是，使用录播，可以改进学习效果。我们上一讲的多媒体教学原则部分也说过，"人们从'文字＋图片'中学到的知识，要胜过仅有文字的呈现方式"。从学习效果上来说，视频教学调动多重感官，可增强学习效果。教学中，有的知识属概念性知识，或许用文字说明即可，例如成语的释义。有的属于程序性、关联性知识或技能，比如方程式的解决，雨水的形成，用多媒体方式，更容易解释。

选择录播工具

录播的工具，一般分为录音、摄像头录像（Webcam video 也称"录人"）、屏幕录像（Screencast video，也称"录屏"）、屏幕录像＋摄像头录像这几种。

类别	常用工具
录音	• Audacity 是一款免费但功能颇为齐全的录音和编辑软件。此软件功能很多，但是不必一一使用。我只使用其中简单的剪切功能，删除录音前后的不必要的地方。中间过多的停顿和干扰也可删除。编辑之后，可导出为 mp3 格式的文件分享。 • 部分电脑会自带录音软件，如苹果电脑上的 Garage Band，用起来也不难。 • 手机上一般都会有录音功能，完成后或直接分享，或通过云分享或通过电邮，发送给自己，然后分享到课程平台上。 • 如果需要录音的内容过多，老师没有时间，或者普通话不标准，可以考虑机器转录，现在市面上有一些"文字转语音"的人工智能转换软件，其效果没有真人发声好，但是需要批量生产时，这么做效率很高，可作替代教学的好手段。
"录人" （摄像头录像）	• 可使用手机、平板电脑、台式或笔记本电脑上的录像功能。 • 在下面所说的屏幕录像中，可在画面一角，加入摄像头。
"录屏" （屏幕录像）	• 苹果电脑在 Mojave 操作系统以上，可使用 Command + Shift + 5 键，直接录制。 • Windows10 自带屏幕录制，同时按下 win+g，即可唤出录制工具，实现单个特定窗口的录制。 • QuickTime Player 软件，自带录屏和录像功能。 • 从 PowerPoint2013 开始，微软就在 PPT 中集成了录屏的能力，打开 PPT，点击"插入"工具栏，就能在工具栏的末端找到这个"屏幕录制"功能启动键。iPad 和手机应用"Explain Everything"，可录制包括 PPT、图片、手写在内的任何内容。如果是多页面的文件，可以单独修改每页的录音，而不影响其他页面。 • iPad 的控制面板上也有录屏功能。 • 移动端的一些应用，如 Shadow Puppet、Adobe Spark Video，也有极好的录屏功能。

录播的注意事项

和直播一样，预备录播时，需配备必要的语音、视频硬件，找到适合直播的地点和时间，关闭通知和提醒，以免录制过程中的干扰。同样，我们也建议在电脑上开设录播账户，以免现有的屏幕背景影响录制。除此之外，录播需要考虑的因素包括：

决定使用音频、摄像头录像，还是屏幕录像。一般来说，如果不需要很多视角的讲解，仅仅语音即可。语音的文件更小一些，更容易发布和播放。录人的摄像，多适用于拍摄外部环境的，比如体育、舞蹈、演奏、绘画等不便于使用屏幕开展的教学，均可直接使用真人录像。不过，老师一边在黑板上书写或是在纸张上书写，一边录像的做法，通常不可取。纸张上、黑板上的字，学生不一定看得清楚。将要讲的内容扫描后在屏幕上讲解，效果也比那种教室内板书录像的效果好。

如果需要过多在屏幕上的讲解，建议使用录屏。录屏过程中，被录的可以是屏幕中的一个部分，比如演示文档主页面，凡是不在录屏框内的内容，都不会被录进去。这正好可以在边上摆放一些演示文档前后页的画面，知道接下来讲什么，也可以在边上放讲课稿，提示自己要讲的内容。

录屏可以加入人的头像在一角落，注意放在哪个角落感觉最为自然。要造成的效果是这样的：屏幕上的人，给人感觉目光自然在看屏幕上的画面。另外，也多看摄像头，想象摄像头是学生的眼睛。如果总在看一侧的文档，好像老师自己注意力分散，会影响学生的学习。不妨先尝试一下，然后再正式录制。

根据"有效期"来决定录播效果。 教学录像和电影院放映的电影，应该是两种"生物"。电影需要精雕细琢，导演不满意就喊cut，然后重来。教学录像未必需要这样大费周章。很多教学录像属于用后即毁，比如给学生提供的作业反馈。用了一两次就不用的录像，如果费尽周折去录制、剪辑，我认为是一种浪费。但有的教学录像，如概念的讲解，可能以后要使用好多次。换言之，录像上架后，有效期是不一样的：有的就好比水果，放不了几天；有的好比干粮，可以储存很长时间。那种需要重复使用的录像，需要制作得更专业一些，必要时需使用录音室，在专业人员配合下完成，随后要进行剪辑，保证录像可以使用多次。如果是有效期不太长的录像，可以随性发挥，不需要过多剪辑，去掉头尾的冗余内容片段即可。这两种不同的有效期，决定了你的录播操作是"大制作"，还是随手拍录的"小制作"。老师应睿智地使用自己的精力和时间。

根据教学内容决定录制时间。 有的老师会对一两个小时的授课，原原本本全程录像。大部分时候，这么做是不可取的。从教学效果上来说，这么长时间的录像，学生长期处在被动接受状态，注意力能否维系是个问题。另外，若是回头查找，到底某个知识点在什么时候所讲，也很难检索，这会给老师本人和学生造成巨大不便。更为严重的问题是，这种录制对于电脑的内存要求很高，录制时间过长，电脑搞不好会死机，让先前所有努力全部报废。另外，长视频如果中间讲错了，修改起来也很困难。短视频大不了重来一遍。

那么缩短视频要缩到什么地步？曾有老师做过极端的尝试，制作"一分钟课程"，但并没有推广开来。毕竟很多概念在一分钟之内无法展开。那么到底在时间上如何切分？这个并无一个黄金定律，不过YouTube 上教学录像的时间，平均在四五分钟左右。建议教学录像最长不超过 15 分钟。YouTube 的视频限制就是 15 分钟，Screencast-O-Matic 的免费版最长视频也是 15 分钟，这可作为天然的限制手段。

更关键的是要一个话题一个视频。这样的话，视频就会成为乐高玩具那样的模块，可以不同方式拼装。例如物理老师平时上课，可能会从牛顿力学定律，讲到相对论，再发散到杨振宁。如果做成网络课，最好把牛顿力学三定律当成单独的一个视频，便于学生日后的查找，也可以让此内容以新的方式，出现在其他课程中。如果以这种内容单元为指引来决定视频的切分，我们在时间上就可以稍微灵活一些，比如可以是两三分钟，也可以是十几分钟，关键看怎样能把一个知识点说透。

确定视频、音频的发布。视频和音频制作之后，最好发布在专用的教学平台上，而不是发布在公共视频空间，如土豆和优酷。我们平时在公共平台上观看的记录，会被大数据利用，随后它会推送"相关内容"和"推荐内容"，而这些内容未必都是和教学有关的。这些平台上的广告，也会浪费老师和学生的时间，增加彼此的挫折感。

关于发布，另外需要考虑的一点是，如果学生不能在线观看这些视频怎么办？有的学生家里并没有网络，手机流量也有限，怎么办？首先，要提供可下载的选择，让部分学生可以在有网络的地方先下载，带回家去看。既然有下载的选择，我还建议慎重选择"高清"的发布选项，如果降低视觉质量，不影响教学效果，却能大大缩小文件，我会这么去做的。更理想的状况，是为任何多媒体的课程内容，提供替换的文件，比如音频文件有文字版，视频有字幕等等。在美国，很多地方有法律规定必须这么做，目的是保护残障学生平等的受教育权。在中国，也需要考虑这些，同时要考虑家庭条件有限、不能随时随地上网的学生。

录播在教学中如何使用

录播制作的课程内容，可以以多种方式用在教学当中，例如：

录播讲课：录播制作的录像，可以作为授课方式，发布在网上，让学生集中或者随时去收看、收听。需要说明的是，直播和录播之间也可以相互转化，比如直播的课程，可以录制下来，作为录播课件，让没能参加或者仍没有搞懂的学生随后去看。如果学校规定老师必须在特定时间上课，老师可以先制作录播课程，在规定时间播放或发布给学生，这样效果等同于直播。

录播作业：学生的作业，可以以录播的方式完成，比如老师可以让学生提交录像作业，或是用录像的方式替代文字讨论。如果学生不熟悉这种框架，老师可以提供录制的提纲，并介绍常用的录像工具和分享方法。

录播反馈：老师可以用录播讲解学生作业。我所在学校老师非常喜欢使用这种方式批改学生作业，比如下图中，左上图是一位教育系老师用头像视频，点评学生作业。右上图是宗教与伦理课老师，用屏幕＋头像的方式，点评学生的在线讨论。左下图是一位老师用录屏方式，点评一位学生的演讲提纲。右下图是一位艺术课老师，介绍学生的三维设计作业。这些一对一或者一对多的反馈，比较直观，学生很容易从反馈中获益。需要说明的是，如果是介绍具体学生的作业，而录像可能让更多人看到的话，画面可能要做必要的处理，以免暴露学生的个人隐私，包括名字、成绩等。

录播测评：录播的录音录像也可能成为测评的内容。例如我们有的音乐史课程，会播放一些音乐片段，让学生去识别是门德尔松还是

勃拉姆斯的作品。还有一些老师的录像讲解中，穿插了一两道题目的小测验，检测学生是否理解录像的内容。Studio 软件，能够让老师在录像中间直接插入测试题。但是从教学法上来说，这样即看即考的做法，未必可取。根据认知科学的说法，如果学习者在学习过程中需要"回顾"（recall），会强化记忆。前面看了后面就考，学生就丧失了回顾的机会。换言之，如果有一个 15 分钟的录像，与其每分钟问一道测验题，还不如 15 分钟看完后再去考，甚至间隔一段时间再考，这样会增加一些消化、回顾的机会，强化学习效果。

如果录播使用有效，会在很大程度上改变教学过程。小录像的使用，既加强了教学的直观性和趣味性，也会把老师从同样内容的反复讲解中解放出来，更多给予学习者个体化的关注，以帮助他们的学习过程。从线下到线上教学的转变，最大的一个心理障碍，往往是老师觉得这样和学生互不见面，学习的效果大打折扣。视频让学生和老师以新的方式"面对面"。习惯了录播课的老师，日后把自己传统的课程改成网络课程，会轻松很多。

第六讲

网课公平：
如何支持学生

据统计，因为疫情的影响，2020 年春季学期，有将近 2.7 亿的学生进行网课学习，从小学生到大学生，概莫能外。这可能是人类有史以来规模最大的一次在线教育实验了。由此也从教育公平衍生出了网课公平的说法。大多数人对教育公平的理解很实在，人人机会均等。也就是说，一个孩子的学业表现，主要是取决于他自己，而不是受家庭背景或是别的什么左右。

网课从诞生之初，因为解除了时间地点的限制，给很多人增加了受教育的机会，被寄予厚望，像"一块屏幕改变命运"的说法就风靡过一时。但教育本身不在真空之中运行，技术和社会的因素都给网课公平抛出了新问题，此时，"支持学生"就成为网课公平至关重要的环节。网课的成功，离不开对不同学生群体的得力支持。学生可能面临各种各样的情况，在学习过程中遇到不同的障碍。这些障碍有些是线下和线上教学共用的，有些是线上教学所独有。共有的障碍包括：学习能力的强弱、学习进度的差异甚至不同形式的残疾等等。线上教学独有的障碍包括家庭条件造成的硬件、软件的不足，技术熟练性差异等。这一讲主要针对线上教学也就是网课独有的障碍，介绍遇到这些情况如何应对，从社会支持、教师支持到不同阶段的学习支持、心理支持。同时，我们也会介绍如何帮助学生顺利完成网课学习。

学生的社会支持

突然从线下转换到线上教学模式，很多家庭一下子措手不及。家庭面临的最突出的问题包括：双职工家庭没办法照料在家上学的孩子，如果有一人主动放下工作，在经济下行压力出现的时候更加棘手；留守家庭老人带孩子，家里没有智能电子设备可下载上网课需要的软件；中国移动互联网的迅捷发展让很多家长、学生"第一次与网络亲密接触"是来自手机而非电脑，不是所有的年轻家长都会操作电脑下载程序；有的家庭没有智能手机，或是只有大人有手机，或是没有宽带上网的条件，或是手机的流量费用过高支付不起。以上催生了各种"可歌可泣"的现代凿壁借光的故事。

这些并非教师可以凭一己之力解决，除了更有耐心地给自己的学生做好力所能及的辅导之外，事实上也有很多大的层面上的做法可以借鉴。比如在有学生因网课自杀的消息传出之后，广东省扶贫办就紧急发文，给建档卡贫困户在读初三高三子女每人发一平板电脑供上网课，并要求两天之内发放到位，这个反应速度很值得点赞。上海则利用更为普及的电视频道，用空中课堂播放有关课程，让学生和家庭不至于因电脑或手机的缺乏而陷入困境。同时，电子设备的企业也可以设置教育优惠价，或者把因"计划性迭代"才淘汰的上一代产品折价给学生。这一方面是对社会的回馈，另一方面也是培养自己潜在的长期消费者，是各方共赢的事。还可以开发一下亲子联系的软件，让上班的父母也能轻装上阵。慈善组织和公益组织在这方面大有可为，尤其是基于本地社区的社会公益组织，更能够点对点地给出支持。总之，与其让网课背负消弭地区差异贫富差异的沉重包袱，不如大家争先恐后地在支持上"硬核"起来，给小小家庭创造条件。从长远来看，网课有可能减少贫富差距对教育的影响。大家想想看，是买台电脑／手机便宜，还是学校被撤并后被迫去城里买房便宜？

网课的教师支持

老师具体要如何提供支持呢？如下是我的一些建议：

课前说明。应该在上课前的课程介绍或课程大纲中，告知学生课程的技术基本要求，并提供一些可能存在的支持资源。老师自己要在技术折衷和自己的使用习惯之间，找到合适的平衡点。如果个别学生极有困难，可以以别的方式照顾其特殊需求，而不降低全班其他学生的使用需求。

开展技术调查。在上课之前的一个星期，做个上网课的技术背景小调查。内容可包括：学生是否拥有如下设备（电脑、平板电脑、智能手机）；学生如何上网（使用手机流量，使用宽带，宽带加手机流量、无固定上网手段）；学生在何处上网（家里、户外、邻居家、学校、其他地方）。这个调查不应该公开给全班，以免伤害贫困学生自尊。如果发现班上所有学生均具备上网条件，则如下很多权宜之计甚至都不用考虑。

平衡共时和非共时教学（也称同步和异步教学）。学生上网最大的困难，可能是在限定的上课时间，无法找到合适的上网课的手段。如果过于依赖直播等共时教学，这些问题就会持续存在。建议部分课程内容，以非共时方式分享给学生。直播课可以录下来，让一时上不了直播课的同学去看。录播课可同时播放，也可提供回放的选择。

让音频视频均可下载。学生可以在有网的地方先下载这些音频视频，回家之后慢慢去听去看。还可以合理利用时间，比如可以在跑步或其他锻炼身体的时候听录音进行复习。根据通用设计（universal design）原理，大部分原本帮助特殊学生的教学改变，通常也会惠及所有学生。

多媒体文件提供文字版本。若能这样，学生看不到视频、听不到音频的时候，起码能读到文字。

技术使用寻找最大公约数。要尽量避免使用过于占存储空间的最新软件和应用，而应使用口碑较好、不同平台上均可使用的工具。比如有些软件或应用，只能在特定电脑、操作系统、手机型号上使用，建议慎重使用，甚至尽量避免。

减少打印需求。如果家庭连电脑都没有，还让其打印，会让学生的学习过程雪上加霜。如果是很长的阅读材料，建议转为音频，让学生可以在听和看之间切换，以免过于伤害视力。也可以建议学生调整手机等上网设备的亮度、背景，减少蓝光对眼睛的刺激。有些设备，比如亚马逊的阅读器，普通档的价格为五六百元人民币，低于大部分手机的价格，但是在设计上专门考虑到了视觉刺激，阅读起来和读纸书效果接近，对眼睛保护更多。有些阅读材料，就可以发送到亚马逊的阅读器上，变成电子书阅读。

教学内容的呈现要手机优先。手机上的体验，甚至要比在电脑上看的体验更为重要。例如 Flash 课件，往往手机打不开，建议少用、不用。手机的普及率比电脑高得多。

教学生利用技术。智能手机上有一些工具有利于学习，学生未必知晓。学会了这些应用，也多了一些技能，这些可以帮助学生学习。比如"扫描全能王"，可以让学生扫描自己的作业。另外学校和老师应该给学生普及其他一些有利于学习的应用。老师不必全都自己去教学生如何使用，可分享供应商自己发布的教程给学生，让他们自己去学。

提供技术服务。如上所说，老师可以教学生一些技术使用的常识，但建议不要喧宾夺主，耽误正事。很多老师上课任务已经比较繁重，如果再去解决每个学生遇到的技术问题，会非常困难，这也未必是他们的特长。美国的做法是高等学校都有技术服务台（Helpdesk）用现场或者在线的方式，解答学生的各种技术问题。这个国内高校可以参考。而中小学，可以在学区或者某个市教育局，设立技术服务热线，解决学生类似的问题。也可以将这种技术热线外包给专业的公司。这方面应该有一些新创企业兴起，帮助教育界。

网课不同阶段的学习支持

学生在网课中的学习，是有一个周期的。伯特歇尔和康莱德在《网课应急指南》（*The online teaching survival guide: Simple and practical pedagogical tips*）一书中介绍了四个阶段：课程开始，课程前半段，课程后半段，课程结尾。我觉得前半段和后半段的区分有些机械和勉强，还是分成三段比较好，在这里分别做些简要介绍：

课程开始 课程开始的目的，是迅速引导学生熟悉课程环境，了解学习方法，并创建社区环境。学期一开始，学生两眼一抹黑，老师不必马上进入正题，而是开展一些"扶上马"的教学活动。课程开始应该呈现课程的全面图景，需要介绍课程的目标、测评方法、教学策略、教学材料、时间安排、学校政策、课堂纪律等。美国学校一般会把课程大纲（syllabus）作为课程开始的必备材料。另外，课程还需要有特定的"入门活动"（orientation），也有所谓的"上线入门活动"（onboarding activities），扶助学生上网课。这些活动会介绍网课学习需要注意什么，常见的网络礼仪，技术需求等。如果是一个新的班级，学生还需要社区支持，可采用一系列活动，让学生相互介绍。开始这些活动至关重要，所以我在这里列一个清单供参考：

- 最好在课程开始前一周，通过邮件等方式，介绍自己，欢迎学生，告知网课平台在哪里，如何去找到课程。与此同时，告知课本是什么，好让学生提前购买。
- 通过问卷调查，了解学生的技术条件，必要时改变课程所用技术，或是为个别困难学生寻求帮助。
- 开学第一周，欢迎学生，介绍课程内容，发布课程大纲。
- 介绍网课的一些特点和学习方法，包括对学生自主学习的要求。

- 发布技术帮助的相关资源，比如技术服务台的联络方法或教程的网络地址。

- 通过讨论区，组织学生互相介绍，如有个人页面，请学生提供照片和简要介绍，改变名称为实名，以便早日熟悉学生，并让学生互相认识。

- 和学生演示课程平台和工具的使用方法。

- 提供一个答疑解惑的空间，让学生可以针对一些技术型问题相互提问和帮助。

- 查看学生是否登录、在线的信息，与从未登录或者不活跃的用户单独联系，了解是否存在困难和需要解决的问题。

课程中间 课程中间学生需要的技术支持减少，而学校的学习和社区支持更多一些。这个阶段的目的是在尽量减少技术问题干扰的情况下，激励学生的持续学习，推进教学计划的完成，并维系社区感。这个阶段是教学的主体，内容的发布、消化、测评、社区的维系都发生在这个阶段。这里需要完成的教学任务包括：

- 教学内容的发布，包括阅读材料的分享，老师的授课，外部教学资源的合理利用。

- 布置作业并及时修改，让学生及时消化学习内容。注意成绩和反馈的发布时机，最好一起修改完之后统一发布，而不是改一个发布一个，否则有的学生收到成绩有的没有收到，会引起不必要的焦虑。测试成绩发布也是一样。

● 设置测试，确保学生掌握了教学内容。

● 根据测试和学生的反应，及时提供反馈，给予集体或个体的辅导。

● 查看学习进度，查看是否有学生不定期登录或不活跃，相应发布通知、提醒，对不良学习习惯加以矫正。

● 通过讨论和小组作业等方式，促进学生之间的互动，维系学习社区的氛围。

● 对遇到挫折的学生加以鼓励，解决相应的困难，同时激励其他同学。

● 为了增加教学的多样性，而不是同一个老师一言堂，可以请和本学科有关的行家、专家做客座授课。

课程结束 课程接近尾声的时候，学生会对成绩感到焦虑。另外一个常见问题，是学期结束需要提交的作业，有的学生不能按期完成。这个阶段的目的是支持学生完成学习任务，检测学习的结果，并让学生反省课程的得失，为下一次授课提供参考。这里需要完成的教学任务包括：

● 督促、辅导学生完成课程的作业。

● 开展终结性测评，了解学生学习的结果。

● 统计学期成绩，决定是否删除一两个最低分，或是给予学生补考机会，最终对成绩进行汇总上报。

・ 开展学习总结活动，收集学生的建议和意见，为下一次内容的
改进做准备。

学习进程中的心理支持

学生在网课中的学习，如果老师不用心添加激励因素，学生天天对着屏幕看材料，参加讨论，会学得很没有劲的。如果是一些非必修的课程，学生中途放弃都有可能。为此，激励学生，增加其学习的韧性，在上网课时至关重要，甚至更为重要。激励不等于打鸡血，也不等于讲段子学着当网红。学习的激励涉及如何增加学习者的信心、耐心和恒心。我推荐大家考虑教育学者约翰·凯勒（John Keller）在论文中提到的 ARCS 模型。

表 6.1　ARCS 激励模型以及在网课中的运用

ARCS 元素	说明	网课中运用这些原则的小建议
注意 （Attention）	教育者需吸引、维系学习者的注意力。	・ 课程页面简化，减少分散注意力的因素。 ・ 课程内容分步发布，不要一下子全部放出来。 ・ 缩短视频时间。 ・ 视频插入页面中，而尽量不利用外部链接，防止学生离开课程环境。 ・ 课程开始，利用相关的故事、名言、新闻、视频，吸引学生的注意力。 ・ 保持课程内容的新鲜有趣。

网课十讲

ARCS 元素	说明	网课中运用这些原则的小建议
关联 （Relevance）	教育者需让学生了解学习内容和活动与学生个人、职业、社会背景关联起来，而不是为了学而学。	• 让学习内容和活动与学生个人背景关联起来，比如在课程开始，采集一些学生个人家乡、爱好、关注等信息。 • 将时下的社会问题纳入教学当中。 • 在作业设计中，增加真实社会问题，而非"人造"的学习问题。 • 将学习内容和职业需求关联起来，比如将学习目标和测评与职业资格证要求结合起来。
信心 （Confidence）	教育者需要在内容的设计上，让学生感觉自己能够学好，也不会过度自满，形成知道的幻觉。	• 学习内容和活动的设计由易到难，不要一开始将学生吓倒。 • 设置一些分支化教学（branched learning）的活动，比如若测评中学生成绩达到 80 分，可跳过一些学习内容。 • 老师直接给学生打气，告诉他们这些内容可以掌握，可以用过去的学生体验为例激励他们。 • 有时候学生过度自信，认为所学内容都知道，这种情况也需要关注。有效的测评，可以暴露他们无知的地方。网课不能只有期中期末两次大考，而应该有更多频繁的小测验，哪怕占成绩的比重比较小。 • 开展一些单独聊天，鼓励特别需要打气的学生。

ARCS 元素	说明	网课中运用这些原则的小建议
满足 （Satisfaction）	教育者需要在让学生产生掌握了内容的满足感。	● 学完某些单元后，要及时总结，对学生的进步给出表扬。 ● 让学生自己回顾自己的学习进程。 ● 发信息鼓励学生的进步。 ● 发信息鼓励一直表现出色的学生。 ● 可让学生在完成某些任务或者取得特定成绩后，换取一些"实惠"，例如免考期末考试，删除一个平时成绩的低分，或者获得额外的加分。

　　提高学生学习的恒心，老师还需要维持自己和学生的"在场感"。多年前，我在一次 Blackboard 年会上听过一个故事，有个老师非常精通网课设计，通过精巧的设计，让课程单元、内容、活动定期自动发布，学生到了特定的星期一就可以看到特定内容，然后老师自己跑夏威夷度假去了。回来之后，学校将其开除了。为什么老师不可以让课程"自动巡航"呢？不是内容发布了学生自己可以看吗？这就是老师是否有"在场感"的问题了。所谓现场感，英文单词是 presence，与之相对的是 absence，也就是缺席。网课的在场感，不只是在上午8:00–9:00 在线签到这么简单，它应该包括如下要素：

● **"社会在场感"**（social presence）：网课中需要建立相互信任、彼此支持、思维开放的氛围。对于练习，要适度容错。要通过讨论、通知等各种互动的手段，营造一个学习社区的概念。

- **"认知在场感"**（cognitive presence）：网课中，老师要通过各种手段，强化学生的学习认知。比如将学习目标、测评方式和教学内容衔接起来，提高学生的学习信心，找到学习者的最优学习区间（zone of proximal development）。老师还需通过及时、个性化的反馈，提高学生的认知。

- **"教学在场感"**（teaching presence）：课程中必须有完整的教学环节，包括提供课程大纲、概念介绍、在线讨论、测评计划等，有些内容要在线授课，包括直播和录播。这些手段，未必能解决学生所有的问题，但是会从技术上、认知上、心理上，给学生更多的支持和帮助，让他们能够在新的环境下，忘掉技术的屏障，而如同在面对面教学中一样，顺利完成自己的学习。

第七讲

网课如何考试

让老师把课程从线下转到线上时，常听到的一个抵触是，考试怎么考？老师们担心，网络考试，作弊的可能性太多了。你让他们上网考，他们上网一搜，答案说不定全部都有。到时候考的不知是大家的网络搜索水平，还是对知识的掌握水平。其实面对面考试，一样是可以作弊的，甚至方法诡异，你可能都没法查到。

这一讲我会描述网络测评的常见方式，包括形成性测评和终结性测评的差异、标准化测试、如何防范作弊、如何利用小数据检测测评的结果。

网课有哪些考法

考试，尤其是标准化测试，包括平时小测验（quiz）和期中期末大考（exams），是广义的"测试"（assessments）的一种。测试首先要考虑的一个因素，是你到底要达成什么样的学习成果。这一点是整个教研组需要考虑的因素，属"课程内容设计"（curriculum design）的范畴。在中小学，这种学习成果通常来自更高一级的教学大纲上的规定。在高校，它们可以和外部认证机构的需求挂靠。比如很多职业性学科，包括护理、医生、会计、教师、律师，都有自己的资格证考试。在进入测试的选择之前，不妨来一些"灵魂拷问"：学生上完这门课之后，到底可以达到什么目标？如何用合理的测评手段，识别学生是否达到了这些要求？为了让学生通过这些测评，教学策略应该如何设计？这种思路，属反向设计思维。也是对"教"为主的教学方式的一种颠覆。平常老师上课，可能先考虑的是：我会什么？我怎么教给学生？

在计划的过程当中，可以用下表帮助思考：

表 7.1　学习成果计划表

学习成果	测评计划	教学策略
在这个课程中，我希望学生获得哪些知识、能力、态度？	左边的成果，我分别可以用什么测评计划去了解学生是否达到？	为了帮助学生成功地完成这些测评，我应该使用什么样的教学策略？

在考虑测评计划时，首先要考虑考试、测验的目的是什么。最直接的目的是检测学生的学习成果，但根本目的是促进人的学习，如果不重视后面这一点，则本末倒置。考试若只是为了选拔和淘汰，或许有更好的办法甄别人才。

无论线下还是线上，课程一般有两种测评方式：形成性测评（formative assessment）和终结性测评（summative assessment）。频繁、低风险的小考，属形成性测评。"形成性测评"这个概念是由 32 岁就当上了正教授的著名教育家迈克尔·斯克利文提出，后被本杰明·布鲁姆发扬光大，在美国教育界家喻户晓。形成性测评指的是以改进学习和教学手段为目的的测评方式。与之相对的概念是终结性测评。终结性测评是为了对学习的效果作出判断，对学生做出甄别。二者的区别，教育界有一个形象的比喻："形成性测评是体检，终结性测评是验尸。"

网课如果设计不当，让老师不能及时了解学生的学习进度，就会出现"大考定终身"。而学生在有些学习过程中的挣扎很难外显，所以需要更多更频繁的形成性测评。不过这两种测评方式不是非此即彼。人们理解时一个常见的错误，是形成性测评不算成绩。做老师的都知道，有不少学生一旦知道不计成绩，便会毫不重视。形成性测评主要是促进学习，但有时候分数也促进学习。最好的办法，是让形成性为主的测评，少占总成绩的一些权重，而把重点放在检测并督促学习上。如下是网课成绩分布的一个示例：

表 7.2　成绩计算方法

测评项目	总分	权重
● 出勤与参与	100	10%
● 五篇小作业，每个作业满分 100 分	500	20%
● 十次小测验，每次测验分别为 10 分	100	20%
● 期中与期末考试，分别是 50 和 150 分	200	30%
● 在线报告，共 100 分	100	20%
分数总计	1000	100%

小测验、平时作业多属形成性测评，但也可以保持一些分值。期末考试和最后的在线报告，终结性测评含量更高，分值可适当提高。最好期中考试的成绩比重低于期末考试，这样给学生发出的信息，是期中考试仍以促进学习为主。如此分布，可以多角度地考察学生的学习状况。如果只靠一两次大考来算分数，学生会临时抱佛脚，平时不学，考过就忘。高风险的大考，如果出现学生作弊，也会影响学习公平。平时测验多了，老师可以从多种渠道分析学生到底学得怎么样，这也是把学习成果的测评"摇匀了服用"。这些测评和计分方式，也适用于平时课程。网课的有些项目和平时不一样，比如出勤和参与。在面对面课堂上，出勤靠点名，参与靠印象。网课的出勤与参与，则可以精确统计，包括学生登录频率、在线活跃程度、发帖的质与量等。

网上常见的考察、促进学生学习的测评方式通常有哪些呢？

测验： 这是最普遍的形成性测评，一般是围绕某个单元、某堂课的内容。测验题目不太多，时间也不长，学生可以得到比较快的反馈。小测验可以在上课一开始做，检验学习的复习、预习或阅读的效果。这种测评也可以在课末尾做，检验听课效果，此外课后让学生自己完成也可以，其功能是巩固学习。

考试： 这包括期中、期末的考试，一般时间会比测验长，题目比测验多，覆盖范围可能是当前所学的所有内容。设计上述小测验的时候，老师应放眼长远，把每周或每天的小测验做成题库，滚入期中、期末的考试，这样能让平时的测验成为自然的复习迎考过程。同样的考题多次出现，也有利于巩固记忆效果。

作业：每门课中间布置一些平时作业，根据学科的不同，有的可能是小作文，有的可能是需要解答的题目。与小测验的区别是，小测验和考试可能多为标准化的题目，可以让课程系统自己改。平时作业可能需要老师、助教去批改。

提问：对学生口头提问，让其个别或集中回答。也有老师设置一些固定的问题，在一节课结束前的五分钟内，让学生回答，例如，这一节课你最大的收获是什么？什么地方不明白？网课可通过技术手段，收集这些问题。如果是用直播平台，可以用聊天功能收集，也可以让学生进入课程的讨论区发出来。老师可以在下一节课之前做些预备。

讨论：让学生课后针对课堂上讲到的某个问题，展开讨论。老师根据讨论的结果打分。

游戏：有些手机应用，如 Kahoot(https://kahoot.com/)、Quizlet 等等，可以以游戏、竞赛的方式，检测学生的学习结果，也可让学生借此自测。

数字故事（Digital storytelling）：人们往往会忘记各种大道理，但对生动有趣的故事，则长存脑海。教师可以设计一些让学生自己制作数字故事的作业。

在制作过程中，学生可以自主学习使用多媒体编辑软件，提升数字技能。但需要提醒的是，除了影视制作等特殊专业外，教师不要过分强调学生在制作上的精美，否则导致学生舍本逐末，忘掉要学的内容，而把精力都花在制作上了。毕竟大部分学科不是要培养学生今后做导演或剪辑工作。为规避此问题，可以通过打分来调节。譬如，只给制作赋予 20% 的权重，而将余下的 80% 赋予数字故事的内容和陈述等。

电子书包（e-Portfolio，全称 electronic portfolio，又名 digital portfolio）：这是艺术类学生熟悉的概念。他们会在求学过程中，积累自己的作品，形成作品集，好给未来的用人单位或者客户看。电子书包是对这种单纯作品集的一大拓展。它收集了关于一个人学习成果的所有数据，包括个人陈述、简历或小传、所学课程、重要作业、发表作品、老师评价等资料。电子书包一般存储在网络上，外人可以看到。如果存在隐私问题，可进行加密。这种数字化存在，现在已经成了个人的第二身份证。

其他的测评方式还包括：作文、周记、电子海报、演讲演示等。我在《过剩时代的学习》中有详细的介绍，可针对网课做一些调整后使用。

如何有效地开展机考

上面我们说到，网络上的考试，可以是多元化的。使用不同测评方法时，人机结合疗效好。老师检测学生的学习，要有效地发挥人和机器各自的特长。人的特长是可以针对具体问题，给出个性化的判断。比如学生的作业，老师可以根据作业本身去批改，也可以利用自已对该学生的了解，给出更为有效的反馈。不过从一两次考试，过渡到大量的平时测评，老师的压力也很大，老师有可能在批改作业上花费时间过多。

机器批改的标准化考试，会解放老师的生产力。用机器开展标准化测试，已经有很多年历史了，教育界已经积累了丰富的经验。我想在标准化机考的设计上，给大家提供一些建议。

考试的设置：机考的考试，老师有更多选项。在考试的设计中，老师可以考虑——考试题目要不要打乱，每道题的答案要不要打乱，题目是全部出现，还是考完一道出现下一道，考试给学生多长时间，考试什么时候发布，考试学生可以重考几次，考后是否立刻给学生公布答案等等。如果学校使用课程管理系统，一般都会有这些选项。老师要酌情使用。如果不熟悉，可以找个话题先"试考"一下，看这些设置是否合理。通常情况下，系统并不会告诉你在诸多的配置中如何选择，这需要课程设计人员帮助你分析利弊。例如，"考后是否立刻给学生公布答案"的配置要慎重选择，因为学生考试完成时间不一样，先考完的马上知道答案，可能会分享给其他人。老师应该能够定制这个时间，比如有些老师可能星期二考试，星期四公布答案。

考题的选择：标准化考试多包括多项选择、判断正误、多重选择、匹配等。还有一些不大常用的半标准化题目，包括填空等。如果选择使用，老师要提供所有能够接受的答案。举个例子，如果答案是"星期日"，有的学生可能写成"星期天""礼拜天"。如果考题只把"星期日"列为正确答案，学生输入其他正确答案时会被判错。通常情况下，我不鼓励使用这种失误过多的机考题。除非你把它做成不计成绩的练习。如果需要老师去改的主观题和半主观题，可以用作业的方式提交。

有时候老师在把考试搬上网的时候，需要对考题做一些调整。有次我帮助一个老师设置考题，他用的是匹配题，19个希腊神话中的术语，匹配19个定义。平时考试，是学生答对若干道题，如15道，他才给满分。我说这样以后学生计算成绩会不会麻烦，凑成20个会不会更好一些？他严肃地告诉我：我不能因为你系统的局限，而给我的考试灌水！没有办法，我设法帮他把题目发到网上，但他可能随后需要应对学生的各种问题，工作量一下子增多。我觉得很遗憾。有时候平台的限制是客观存在的，以机器辅助的教学，本身就会对自己教学有所改变，此时可能需要变通。

考题的创建：输入考题时，系统通常让你选择题目类型，输入问题，输入答案，选择正确答案，输入反馈。对正确与错误答案，老师分别给出反馈，可以帮助学生的复习。对于可以重考的测验来说，这个反馈颇为重要。

善用题库：如果网课系统有题库功能（Blackboard、Canvas、Moodle均有），应该先在题库中放入考题，然后再去设置单独的考试。制作题库的时候，要考虑对问题进行明确标识，以便制作考试的时候查考。考试题目放入题库，有诸多好处：可以打乱了发布，让每个学生拿到的题目和顺序的组合都不一样，学生作弊都困难。15道题中抽10道题，排列组合方式就有10897286400种，地球上不会有两个人拿到完全一样的考卷，这可比分 AB 卷强多了。完全照抄另外一个学生的答案基本上是没戏的。此外，如果老师允许学生重考，有题库的考试，学生每次拿到的考题也都不一样，这样可以借机多次接触、温习学习内容。题库不同年份反复使用，需要更换其中的一些，以免学生穷尽所有的题目，起不到促进学习和检测学习的作用。

图片说明：此图为"考题的创建"的示意图。

利用数据：网考的一个巨大优势，是能够很好地利用考试的数据。在考试进程当中，老师可以看到谁先提交谁后提交。考试结束之后，系统一般会让老师了解到成绩的分布，也会了解学生在单独一道题上不同选项之间选择的分布，如果错得比较多，老师可以迅速组织复习。有些课程管理系统，甚至能给出题目的鉴别指数，即答对这一道题的人，回答其他题目的准确率高低。例如，有的学生成绩很好，却在某一道题目上出错，要考虑这题目是不是太偏，或是题目出得有误导性，需要在文字上修改。同样，如果有的题目所有学生都答对了，没有任何区分度，是不是送分题，也要在未来的考试中加以考虑。总之考试结束之后，可以来一次题目大回顾，以便下一次开展的时候，题目的分布更合理。

如何应对作弊

网络测试一个让人担心的问题是学生作弊，事关诚信和对网络环境的信心，非同小可。教育也是现实世界的一个组成部分。今日作为学生考试作弊，明日成为社会一员，就可能徇私舞弊。反击作弊，应该是教育界的一项重任。网课让老师看不到考试的学生，防范作弊由此带来新的挑战。但它也给学生创造了自律的机会。如何应对作弊呢？我想可以使用如下策略：

使用防作弊技术：技术本身能够帮助学生作弊，但也可以帮助老师提高作弊的难度。这永远是道高还是魔高的较量，没有什么技术最终不被破解。老师不必苛求通过某种技术一次而永久地解决作弊问题。应该追求增加作弊的难度，使得学生意识到，与其费尽心机去抄近路，走学习的正路反而更快，更容易一些。如下技术手段，都是为了增加作弊的成本和难度。如果实在放心不下，也可要求学生找到监考的人，要求是成年人，避免兄弟姐妹或其他年龄类似的未成年人。

表 7.3　防范作弊技术

作弊种类	技术防范策略
闭卷考试期间，学生上网或翻书搜索答案	• 限制考试时间，比如十道题八分钟完成，即便学生想去查书，搜索答案，也没有这个时间。 • 老师如果使用来自教科书等渠道的标准考题，不妨对考题做一些改编，增加搜索的困难。 • 使用包括 Lockdown Browser 在内的锁屏软件，在考试的时候无法搜索、复制、截屏。
学生互相抄答案	• 利用题库，例如考题是从 10 题中随机选 5 题，这样同学们得到的考题和顺序会不同。 • 如果没有题库，学生回答同样考题，也可建立考题组，例如 10 题中选 10 题，这样即便题目一样，顺序也打乱了。 • 打乱答案顺序，同样的考题，甲乙丙丁四个同学的正确答案可能都不一样。
先考完的学生泄露答案	• 设置考试选项，在所有人完成测试前，不发布正确答案和各人的考试结果。
学生作业、作文抄袭	• 使用 Turnitin 或其他查重软件查找重合。

改变作业类型：如果规定学生单独完成的作业，总有学生凑在一

起完成，老师不妨考虑，这种题目是不是改成小组作业更好。还有一些作业，可以结合学生自身的背景来布置，学生会抄袭无门。例如作业可以和学生家庭背景结合，让学生就某个话题，访谈自己的爷爷奶奶。各人爷爷奶奶不同，这种作业不好抄袭。另外，有些类型的作业，例如周记、博客、讨论，提交结果也因人而异，增加作弊难度。

提供学习资源：很多时候学生抄袭，是不会管理时间，准备不充分，所以"铤而走险"。有的是不会严格地引用文献，被认定为抄袭。老师应该针对这些情况，提供相关培训和相应资源。此外还应公布学校对于作弊如何处理的政策和规定。在课程之初，第一次考试之前，完成这些资源的发布，给学生提供学习它们的机会。

最后，对于作弊，也不能完全指望技术手段解决，它本身可以是一种教育。在课程的开始，需要明确告诉学生如何界定作弊，遇到作弊学校和课程会如何处理，以及为什么要这样做。标准化考试作弊可能只是诸多学术欺骗的方式之一，其他的作弊可能包括：

- 作文抄袭。现在有 Turnitin 这些查重软件可用。有的老师为了教育学生不要抄袭，会放出班级的 Turnitin，让学生自查，目的不是为了惩戒，而是让学生学会恰当地引用文献。
- 伪造数据。例如伪造实验的数据，没有去完成的调研，却给编写出来。或是局部修改部分结果，如研究的结论，或是分析中涂改实验结果，包括用 Photoshop 修改。

以其他方式窃取他人的成果，比如一起合作，他人贡献很多，却不注明他人的参与。

我们今天看到的各种学术丑闻，随着技术的发达，也越来越容易被发现。也有人专门在做啄木鸟的工作，把这些丑闻暴露出来。作弊进而演变成学术不端，后果很是严重。其种子有时候就是在教育期间播种下的，或是求学期间，恶劣的行为没有得到纠正。这种严重的后果，不妨在课程一开始就和学生说清楚。此外也一定要注意处理中的程序合理性，处理作弊的时候，老师也可能存在判断的失误，要给学生申诉的机会。此外，老师和学生的权力是不对等的，也不能因作弊处理一事，对学生形成超过惩戒所需的胁迫。

处理好网课作业中的社会关系

由于作业是一种测评方式，会有学生做作业和家长帮做作业界限的模糊。网课中老师往往看不到具体作业完成的过程，使得这个问题更加突出。我们常说教育有"小环境"和"大环境"，说法比较笼统，布朗芬布伦纳（Bronfenbrenner）的生态发展理论将其细化为五个环境，这五个环境像俄罗斯娃娃一样一个套一个，且又相互影响。它们分别是微观环境（Microsystem）、中间环境（Mesosystem）、边际环境（Ecosystem）、宏观环境（Macrosystem）和历史环境（Chronosystem）。在这些系统中，系统与个体相互作用并影响着个体发展。

微观环境 学校和班级就是作业问题上的微观环境。这个微观环境里，作业是教学过程中一个不可或缺的环节，它可以检验学习的结果，本身也是学习的过程因素之一。学生通过做作业，内化教师教学的内容。老师检验学生作业，给学生提供反馈，也能让学生重新矫正自己习得的知识。没有作业的检验，学生可能在听课后出现知道的幻觉，以为自己学会了，但是在做作业或者测验的过程中，发现自己其实并未掌握。

合理布置作业是一门艺术。若作业为完成一篇大论文，有经验的教师通常会切分为几次完成，比如第一次交题目，第二次交提纲，第三次交初稿。在每一个环节中，教师都会对作业进行即时反馈，让学生的下一个作业成品更好。网课中，作业可以变成激发学生和内容、教师和学生之间互动的主要教学环节。作业的优化，也是在教学微观系统下发生的。

而在这个小系统之内还有子系统。比如，某一个学科教师布置作业时，不能只考虑到自己的学科，而忽略其他学科教师布置的作业，忽略学生的总体负担。这就需要不同年级、不同学科的教师，跨越自己的领域来了解学生在不同学科中的具体进展。作为学校管理者，需要为促进教师跨学科沟通工作提供平台与保障。

中间环境 在中间环境里，学生需要面对包括与家长、医院、球队等不同对象之间的各种关系。这些学生放学后日常所处的环境带来的影响是多方面的。要解决这个系统的问题，需要家长合理评估孩子的能力、实力和精力。不能只是待在孩子身边做闹钟，而应设身处地替孩子着想，聚焦有利于孩子发展的活动，同时帮助孩子培养时间管理、精力管理等自主管理的能力。给学生上网课，也要考虑他们各自面临的家庭环境，以及这种环境可能对作业完成带来的影响。

边际环境 该环境包括大众传媒、家庭朋友、家长同事、社区组织等在内的社群关系。这些主体，学生或许不会直接接触，但会间接受其影响。例如，家长和学校建立的 QQ 群、微信群等。学生不在群内，而家长之间的沟通、比较，家长和老师的联络，都会间接影响到学生。这类信息平台的使用，让老师和家长之间、家长和家长之间的沟通变得实时、便利。但不容忽视的是，随之出现的一些麻烦，譬如家长间的攀比、炫富、吐槽等。如何合理地运用信息技术，在边际环境的社群里需要建立怎样的运行规则，如何促进群体成员间更有价值地沟通等问题还需进一步探索。

宏观环境 国家风俗、文化价值、社会环境、经济规律等，构成了宏观系统。在中国甚至整个东亚，家庭以学习为中心。这种现象的形成，不能不说是受"万般皆下品，唯有读书高"的传统文化的影响。而之前独生子女政策所带来的家庭规模缩小、家庭结构趋向单一等现状，使得全家都以孩子为中心，过度养育问题凸显。这个环境内的另外一个问题，是教育资源分配的不均衡，整体呈现出"乡村弱""城镇挤"。很多城镇学校只能通过扩大现有学校班级额度来解决新增学龄人口的就学问题，学生差异大、作业批改量也增加，教师负担加重。

历史环境 处于学生最外围的，还有长期的历史性因素。比如整体教育观。在遥远的孔子时代、柏拉图时代，教育是智慧人的交流，也是"师傅带徒弟""母亲传女儿"式的非正式学习。而今，人们开始依赖教室、教师、教材组成的正规教学模式。在教学内容上，大部分国家采用普鲁士的教育模式，批量生产具有特定技能的人员。到后工业时代，当智能机器人可以唱歌、跳舞、下棋、书法，甚至编程，人类学习者的未来何在？我们的孩子如果将课外时间和精力过度聚焦在未来人工智能可以替代的一些技能上，缺乏鉴别评估、创意思考、问题解决、协调沟通等"软实力"，又该如何更好地迎接未来？

为应对这些不同的环境，也是为了应对网课的特殊性，作业设计的整体思路可以做一些调整，不妨围绕那些能够纳入各系统中的良性要素进行变革。譬如，可以从人（person）、项目（project）、地域（place）三个方面入手。这里的"人"主要指"个性化学习"，"项目"主要指"项目式学习"，"地域"主要指"就地学习"。

个性化学习教育是为了人，为了人的更好成长。因而首先需要强调的是，作业要满足人的个性化学习需求。如下三种作业是我整理收集的，它们能很好地彰显学生的个性化特征，促进个性化学习，同时又跳出了微观环境，很好地整合了多个环境的资源。网课中的作业可以多一些开放性，不要千人一面。有时候甚至可以让学生以自己的方式，定制自己的作业。比如我们有一门心理学课程是公共课，选的人来自各系。以前的作业是大家都写作文来阐释对课程的理解，但是文科学生在这方面占优势，数学系、物理系、体育系的学生可能就处在劣势。但生态发展观理论是可以用在不同的学科的，使用方式可以不同。老师后来用的是"自由体作业"，让学生可以用不同方式阐释该理论，可以写作文，也可以画画，也可以制作，有的学生甚至为此编了个"阐释性舞蹈"。此实验已经多次开展，每次老师自己都觉得很有收获。

项目式学习项目式学习是利用一个大的"项目"，组织学生用不同方式，呈现学习的成果。它的设置有利于帮助学生将所学内容融会贯通，付诸实践。例如，英文课上，老师为了让学生学会欣赏诗歌，让学生首先针对自己所选定的诗歌展开分析，分析角度涉及该诗歌中各种修辞手法的运用、诗歌的韵律结构、句法模式等。分析完成后，教师让孩子根据自己选定的主题，编选十首诗，制作成诗集，再按照同样的主题，自己创作一首诗歌。同一门课的多个老师组成评委，评选出最优作品，并让作品的创作者去当地一家咖啡馆举办朗诵会。在人文地理课上，教师为了让学生了解人类迁移的历史，让学生访谈各自的父母，了解家族成员的来龙去脉，如原住何地，从什么地方迁徙而来等等。这样一来，每个学生给自己的家族，制定了一个小小的"族谱"。在物理课上，老师为了让学生学习有关物理学原理，比如动力和阻力，让学生用老鼠夹子（上面的弹簧能驱动车子）、绳子、木杆、光盘等材料改制轮子，制作一个能跑起来的机械车。

就地学习在上述项目式学习作业中，如果教师过多采用人造问题或虚拟项目，则一方面与这些学习法的宗旨背道而驰，另一方面也无端增加了教师的设计负担。因此，这就需要我们引入第三个要素，地域（place）。很多项目和问题可以基于本乡本土的现实环境，就地取材。美国国家科学基金会曾资助过一个名叫本地希望（Promise of the Place）的项目，专注于收集本地教育资源，以下是他们所收集到的一些案例。

堪萨斯州的马里安泉水小学的学生在本地生物学家和高中生的指导下，建立了一个鸣禽的栖息地，包括安装喂鸟的喂食器，供人观赏鸟的凳子等。

新罕布什尔州有些地区靠近森林，附近小学安排制作植被地图，而附近高中则把化学课变成本镇河水的研究。

俄亥俄州的磨房溪学校周围是废弃煤矿，学生们和老师一起在课程上研究如何环保地恢复被煤矿破坏的地形地貌。

佛蒙特州一所高中学生的学习内容，是监控空气和水流质量，他们为此制作了专门的网站和电视专题片，在本地电视台播出。

亚利桑那州一所中学由高中生带初中生，开办并维持一个纳瓦霍文化特色的菜园子，并将种植的产品提供给本地老人……

这些新型作业，以学生所处的现有环境为本，向本地资源要项目，在本地环境里找问题，把抽象的项目式学习和个人化学习具体化，"靠山吃山、靠水吃水"，让教学内容更具体、实用。而学生学习的结果也可反哺本地社区。

基于这些作业在社区与学校间所构建的双向互动关系，打通不同生态系统之间的隔阂，让学习更好地进入学校、家庭、社区、社会等各个方面的良性循环。网课中尤其需要考虑如何就地取材，让学生利用周围环境和地区的资源去做作业。如果学生来自五湖四海，这种作业也会让学生大开眼界，以好奇心让教学过程更丰富多彩。

传统作业以有答案的标准化测试为主，让教师、学生都有序可循。换一种作业方式，有用吗？学生真能学到东西？这些都是教师需直面的现实问题。我觉得应该注意如下几个问题。

其一是观念的转变。上述依循个性化、项目式、本土化原则构建的作业，并非凭空而来。它们背后的理论是建构主义教学法。建构主义教学法强调学生的学习是通过实践、体验和反思，形成个体对于世界的独特看法和认知。在作业实际推行中，教师也必须有所转变，不将自己置于真理守门人的角色，而是把学生间的差异作为资源利用起来。而这类作业又多镶嵌于现实，问题模糊，学生并不一定很清楚教师的要求和期望，从而产生焦虑。因此，教师应和学生经常沟通，或做好各种示范，利于学生更好地完成。

其二是促进同伴学习。对于知识点众多的课，若让学生独自挨个去学，或许感觉扎实，但枯燥的过程会让学生丧失学习的兴趣与动力。因此，无论在课堂还是作业完成过程中，我们都要注意同伴学习的重要。比如，化学课上，教师只教了一个元素的相关知识，其他的元素怎么办呢？我曾拿这个问题问女儿，她回答说，老师让大家先分头学习不同的元素内容，然后大家通过演示、集体分享等方式完成相关学习。这种集体做知识拼图的作业交流，使学习过程更加生动有趣。更为重要的是，教是最好的学。孩子们在演示、分享各自成果的过程中，能以教促学，教学相长。

其三是为学生搭建脚手架支撑学习。很多作业，因其灵活度很大导致学生茫然。教师需设计、提供脚手架支撑（scaffolding），让学生一步步把任务完成下去。教师可利用两种方式搭建脚手架支撑学习。一种是将项目任务进行合理切分。比如在设计动漫故事作业时，教师首先让学生描述动漫人物的肖像，然后让学生以小组合作的方式描述一个动漫故事情节。这个作业的完成过程可能长达数月，但学生会感觉始终被引导着，他们在循序渐进地完成任务的同时发挥创意。网课中，这种教学的"脚手架"更容易搭建。例如，可以通过讨论区同伴之间相互分享，互相提出意见。老师可以先收集创意，提出反馈，好帮助学生筛选，并对相关考虑继续深化、细化。

其四是要利用"评分量规"（rubrics）。通过量规让学生了解教师期望的项目要素是什么、质量指标是什么、作业评定标准是什么、教师的打分流程是什么等。

网课作业更需要考虑到，学生不在同一个教室内，会受制于多重社会环境。老师应该努力让不同层次的环境因素合理组合，多增加一些个性化、项目式、本土化的作业，以更大的视野设计作业。不过，也不能忘记，个性化作业越多，老师自己批改的任务越繁重，因此我也建议让部分测评的方式标准化，减轻老师的负担。从标准化的客观题，到学生自主性更强的建构式作业，老师面临不同的挑战。比如标准化作业可能要更多防范作弊，而建构式作业更多要考虑指导、反馈和支持。老师需要在实践之中，找到各自的办法和平衡，让学生能够通过合理的测评，更好地完成学习任务。

第八讲

网课如何互动

20 世纪初的巴黎博览会前后，一群法国艺术家幻想未来，画了一系列以"21 世纪法兰西"为题的明信片。这些充满奇思妙想的明信片中，有一张画的是 2000 年的"未来学校"。画面上有一台机器，上方如同漏斗，一位睿智老者模样的人正在把书往漏斗里喂。一位年轻小伙子正在摇动曲柄，转动机器。这知识处理机的另一头，连接的是正襟危坐的学生。他们的头上有线缆，直接连接到知识处理机上，貌似知识正从书本的漏斗，下载到学生的头脑。从某种程度上说，这画是对一些网课的预言：只是试图把书本的内容，通过某种技术的手段，硬灌进学习者的脑子里。这中间到底有什么地方不对劲？一个很大的欠缺，是互动。

网络学习不应该只是知识从一个人的大脑，经由电脑，转入另一个人的大脑。学习是一种社会化的活动。杜威认为，学习应该是学习者主动积极的社会活动。他认为老师的作用，不只是知识的传播者，也是一个学习的"督导者"（facilitator）。心理学家维果斯基认为，社会活动可以丰富人的视角，形成更为复杂的世界观。加拿大裔美国心理学家班杜拉更是强调学习是社会性的，例如人们可以通过社会交往和相互模仿获得学习——其中最为明显的例子是语言和音乐的学习。

在这一讲里，我们说说如何开展网络互动，这包括互动的类型和网络讨论的注意事项。

At School

图 8.1 "21 世纪法兰西"中的未来学校

互动的种类

网课中的互动大体分四种：学生和学习内容的互动，老师和学生的互动，学生和学生的互动，家庭和学校的互动。家庭和学校的互动，往复杂里说，还包括学校和老师的互动，学生和家长的互动，家长和老师的互动，但是鉴于篇幅所限，不列为此文重点。

学生和学习内容的互动（生学互动）：学生对于学习内容，首先的体验可能是接受。如果止步于此，则不存在互动，还需要有相应的消化活动。比如，阅读内容有检测吗？学生对于学习内容有没有反馈和批评？学生有没有将课程中的内容和更大的专业背景或社会背景关联？这些都是生学互动的考虑。

学生和学习内容能否有效互动，也涉及整个网课内容的发布方式，以及用户界面设计的优化。这里我给大家提出一些小的建议：

- **网课要有"进入界面"**。学生点进课程之后，可以看到"欢迎信息"，这是讲如何浏览课程的页面。也可以在简要欢迎之后，以图标和链接指引学生。这些指示信息要清晰简单，明确精准，让学生所见即所得，不需要费一番脑筋才知道下一步如何行动。

- **网课要有浏览地图**。学生漫游在课程的环境里，要像走在旅游景区一样，有标志提醒他们还有哪些地方可以去，自己现在哪里。另外很重要的一点，是要有良好的"返回机制"，不要点击一个链接就跑出课程环境，不知道怎么回去了。课程环境不能做得九曲回肠，有些页面七绕八绕才能找到。若有些页面埋得过深，要提供主页的链接。有例外的情况，则是课程按照游戏化的思路设计，寻找与发现本身是学习的组成部分。

- **当前内容优先发布**。为增加浏览的便利性，最好把当前的内容放在页面最上方，而不是像书的章节那样，完全按照一二三四五的方式发布。学生尚且不需要看的内容，先加以隐藏，或是设置定时发布。否则，学生进入课程之后，一下子看到过多内容，学习信心会受到打击，不必要的焦虑感也会随之产生。

- **学习活动单元化**。遵循邻近原理，不同单元的教学内容、互动、测评、反馈要放在同一个单元或者空间之下，不要让学生找来找去。对于自律水平有限的中小学生，更是要将教学内容和活动有序化摆放，不是根据内容的类别（比如 Word 文档放一起，讨论放一起，测评放一起），而是要根据教学的进程，线性发布内容。例如，单元开始介绍："本单元的学习目标如下……学习任务：阅读单元介绍，观看本单元视频，阅读本单元材料，完成本单元讨论，最后完成测试。"在高校，学生可能自主学习更多一些，可以以非线性的方式发布课程，学生可以自己定制自己的学习路径。

老师和学生的互动（师生互动）：老师在教学过程中，不能只传授知识，仅仅关注怎么把茶壶里的饺子倒出来。老师和学生的互动包括对学习状况的望闻问切：老师要及时了解情况，然后与全班、小组或个人联系。老师和学生的互动工具很多，比如，针对全班的互动包括集体通知、讨论、在线直播、在线集体反馈（包括文本、视频、音频）。老师也可以针对特别的群体（包括作业小组、遇到特别疑难的部分学生）开展互动，工具同样包括上述这些，只是通知、讨论、在线反馈只发布给特定的群体。特殊的在线直播只是邀请部分学生。

有不少老师反映，和学生的频繁互动消耗时间很多，加大了教学的工作量。建议在课程的一开始，就在课程空间里设置一个随时更新的常见问题列表，不重复回答同样的问题，需要的时候直接分享列表好了。

还有一个办法，就是设立机动的答问区。我所在的学校称这种答问区为"在线咖啡馆"，是用非同时在线的方式开设的讨论区，鼓励学生提出问题，也鼓励知道答案的学生回答。这样可以尽快收集到问题，并尽早给出回答；其他知道答案或解决办法的同学，也可主动帮老师回答。这些一对多的互动方式，会大大减轻个体解答问题的压力。最终剩下的问题，多属个别学生所有。应该把时间花在这上面，而不是重复回答同样的简单问题。

老师和学生在社交媒体上的互动，需要慎重考虑。我儿子在美国上高中。他们学校严禁老师在脸书（Facebook）等社交媒体上添加学生为好友，以免产生利益冲突。原则上只有在学生毕业三年后，老师才可添加他们为好友。国内也是如此，如今的很多社交媒体，包括微信，是个人生活、工作、购物、社交的多用工具。每个老师、学生都有自己不同的圈子，受制于不同的社交习惯或规则。另外，朋友圈发布的内容，也可能有一定争议性。老师如果不习惯这种课外的交往，完全有权利回避。可以在课程开始说明，仅用班级群发布和学习有关的内容，老师本人不接受学生添加好友的请求。这不是针对个人，而是维护教学的独立性，减少外在干扰。如果事先说明，学生大多会理解。这一点同样适用于家长的好友请求。

学生和学生的互动（生生互动）： 学生之间的互动，最为常见的是非共时的讨论区，也称论坛。别看这种工具听起来特别"九十年代"，这种讨论区的互动效果可不容小瞧。它的最大长处是没有过死的时间限制，学生的讨论可以更深思熟虑，可以修改，这样他们的发言更用心，更专业，包括搜集资料来佐证自己的观点，而不像平时课堂发言那样随性。一些内向的学生，平时不怎么发言，在网络空间里反而更为自信，参与更多，更深入。我不止一次听老师说过，有的学生，尤其是国际学生，面对面上课时候很胆怯，怕说错，故而多选择沉默。如果老师事先用了讨论区，大家在线有所交流之后，回头在面对面的课堂上，也敢说了。

当然学生之间的互动，也可以包括同时在线的网络聊天，这可以是全班一起，也可以是自发组织。这种自发组织的聊天，老师未必需要参与，以免学生拘束，不能畅所欲言。我自己在上网课期间，曾经在课程管理系统之外，在脸书上另加入了一个群，大家互相交流经验，或是吐槽一下。老师说他们知道，觉得很好，也是一种学习减压的方式。

学生和学生之间的互动，还包括小组的互动。老师可以将部分作业设置为小组作业，让学生分组完成。学生可以用自己约定的方式交流，完成自己的作业，这包括同在一个地方的可以去面对面交流，不在一地的可以建立小聊天群，或者开视频会议等。老师可以提供一些建议的工具给他们使用，包括在线视频中的分组功能。

家庭和学校的互动（家校互动）：家庭和学校之间有各种互动方式，我们这里侧重描述一下老师和家长的互动。这种互动，事关老师对于亲子关系的认识，老师对学生的了解。如今的一些贫困家庭，家长可能在外打工，对孩子学习参与不足。而中产家庭，尤其是通过学习实现了社会流动的中产和高知家庭，则参与太多。为了社会公平，也为了给参与过多的家长减压，我建议老师尽量减少教学过程中对家长的要求，尤其是对具体作业的支持。学校和老师可以在如下几个方面让家长更好地发挥作用：

- 定期向家长提供课程小结，这样让喜欢插手的家长了解进度，但是对无力插手的家长，不去参与也不会影响教学。这等于是给家长知情权，但不绑架他们参与具体的学习。

- 有些家长有能力、有时间，可更多介入小孩的学习，老师不让参与他们还放心不下。那不如给他们创造一些便利。比如美国类似于"家校通"的软件，可以设置孩子成绩在多少分以下，家长会收到通知。小孩有作业过期没有交，家长也可以收到通知。这样家长可以提醒孩子完成作业，而不是代劳作业本身。这些家长自己可以定制，不是一刀切。比如有的家长等孩子成绩降到了 60 分才着急，有的到了 90 分就感觉天昏地暗了。

- 可以让家长作为整个班级的外围资源，而不是自己小孩的辅导者。家长组成的社群，应该形成一个相互学习和激励的共同体，而不是攀比和较量的大酱缸。如果气氛不对，老师或者学校可以给家长提出一些专业意见。但总的来说，不要让这些因素过于影响教学。如果影响到了班级氛围和环境，就得考虑以合理的策略去干预。

老师可以识别学生遇到的具体困难，并为其寻求帮助。近日我接到附近一位高中老师的电话。老师说他有个学生，家长遇到官司，但是语言不通。这位毕业班的学生被迫在父母和律师之间当翻译，但是很多术语他也不懂，压力山大。这位学生的老师看到了他的压力，于是找到曾作为专业翻译的我去提供支持。这种帮助是非常可取的，对于学生的这种关注，会改变学生眼前的学习，甚至可能影响孩子的一生。学校和老师真切地关心自己，对一个学生的意义非同小可。

如何让讨论有趣有料

大家注意到没有，除了网课老师的授课能"翻车"之外，网络讨论也会"脱轨"。我在网络上经常看到大学生对于网络讨论的嘲讽：

例一：

艾米丽：天真蓝啊。

回帖者：艾米丽，我完全同意你的说法。我尤其喜欢你用蓝色作为意象，形容天空。你的说法真是给力！

例二：

学生甲：我爱吃面包。

学生乙：乔啊，你说的我太同意了。我也爱吃面包，我尤其喜欢你这个"我爱吃面包"的说法。说得真好！

例三：

学生甲：2+2=4

学生乙：吉姆，我太同意了。你咋就想到将两个二相加，然后等于四了呢？深刻，实在深刻！

这些网课讨论，我们可以称之为"水帖"。大家看看同学们这水灌的，或许完全符合老师要求。在线讨论说明通常是这样的，"请针对某某话题，发表你的观点，另外要在截止日期之前，回复至少两个同学的帖子，但是不允许只有'我同意'之类敷衍的发言"。这个规定貌似兼顾了互动的数量和质量，但是我们会发现各种"水帖"就是

图 8.2　网络讨论的要素

在这种要求下诞生的。学生的发言完全符合要求，但是并没有通过讨论彼此长进。在线讨论，可能是网络互动最为主流的一种方式，也是少有的可以打分的一种互动。在我看来，讨论也是门技术活。促成有效网络讨论，需要考虑如下五个方面：老师、学生、规定、问题、工具。

老师引导。老师在网络讨论中的作用不仅是教学，也包括话题的主持、引导和控制。老师需要考虑自己到底是否参与讨论。有时候老师不发言，学生可能发言更活跃。有时候老师适当发言，会让讨论在既定轨道上展开。老师可以扮演那种"苏格拉底"的角色，通过有效诘问，诱发出学生的观点、疑问和思考。比如他们可以追问："你说的这个观点，怎样和我们今天说的……结合起来？""观点很好，但是有没有例子？""你说的这一点，有正式文献支持你的说法吗？""你说得很有道理，但是另外有人持相反观点，认为……，你怎么反驳？""假如是……情况，你觉得结果应该是怎样？"

如果讨论失控，老师需要加以干预。不过有时候，我发觉出现一些小小的插曲，也可能让气氛顿时活跃起来。比如我参加的一个聊天群，一开始大家都不怎么发言，突然跑来一个做"奇门遁甲"广告的，说用三块钱可以测未来，大家气氛一下子活跃起来了，也把别的发言带动了起来。所以有时候出现意外，老师也不是立马去干预，如果话题安全，可以"让子弹飞一会儿"，否则管得太死，大家噤若寒蝉，也是不好。

问题设置。出现文首的那种水帖，可能是问题的设计不合理。讨论的问题，记住不要问那种知识性、理解性的问题，比如让大家讨论唐代是什么时候开始，如何定义某个概念等。事实性的问题用测验即可检测，不必讨论，不能让学生为了互动而互动。而另外一些问题，需要概念在现实中的运用，或是有不同视角，能激发批判性思维，提出来就会有更多的有价值讨论。问题需要有一些探究性质，要让学生有所调查或者研究，才能给出有质量的回答。问题最好没有明确的、非此即彼的答案，比如传染病期间，中国人戴口罩，不戴被人另眼相看。而在美国，人们不建议健康人戴口罩，戴口罩的人是极少数，这到底是什么原因？这种问题就很有"嚼头"。学生可以从医疗、文化、社会心理多个角度去寻求解答。

还有一种讨论，基于问题的解决。例如一些社会问题，真实案例，需要社会给出答案。这些问题，可找到和本课程、本单元教学的结合点，作为讨论题提出来。或许大家会说，这种问题连院士、专家都解决不了，你让中小学生去讨论不胡扯吗？这可不一定。青少年的讨论未必能产生成熟、有效的解决办法，但这个过程让他们得到课程的学习，也成为更负责的社会公民，是很有意义的事。再说了青少年创意多、脑洞大，万一被他们讨论出了办法呢？

出讨论题的时候，还可以使用一些小技巧，比如：

"当头一棒"：给学生提出一个和常识相悖，但被研究支持的观点，让学生去讨论。

"正方反方"：可以让学生针对一个话题，设置正方反方，去做一些辩论。不过这不必是那种竞赛性质的辩论，只管输赢。应该添加一种可能：学生若发现自己立场错误，而对方更有道理，可以让自己被说服。任何讨论，如果进入的时候打定主意只顾捍卫自己的正确，也不是合适的思维态度。

"大陪审团"：法庭上的陪审团（通常是 12 个人），听取原告被告的各自陈述和法官的审问之后，经过讨论，形成统一的意见。老师可以布置一个讨论题，要求学生充分讨论后，最终形成一致的大家都能接受的意见。

"反思与衔接"：讨论也可让学生各自反思，将讨论内容和学习内容关联。这可以是学习总结的一种有效方式，让学生各自抓要点。大家相互得到学习。

学生类型。在讨论中，学生有不同心态，需要及时识别并有效管理。我试图用十二生肖总结这些不同的类型：

- 鼠型讨论者：喜欢找"洞"，寻找他人的毛病。
- 牛型讨论者：忍辱负重，承担很多发言的任务，负责自己所在群组最多的任务。
- 虎型讨论者：虎有虎威，这种讨论者对他人形成威慑，搞不好会成为网络欺凌者。
- 龙型讨论者："飞龙在天"，龙型讨论者会离题万里，带偏节奏。
- 蛇型讨论者：蛇藏于洞，有的讨论者在讨论中"潜水"，不肯发言。

- 马型讨论者：骏马奔腾。马型讨论者话题跳跃过快，他人可能无法跟上。

- 猴型讨论者：猴子活跃。猴型讨论者发言活跃，全程高能量。

- 鸡型讨论者：鸡定期打鸣，有的讨论者定期发言，比如只在星期一发言。

- 狗型讨论者：狗的特色是忠诚，这些讨论者自始至终忠于开始的话题，不多发散。

- 兔型讨论者：兔子善跳，兔型讨论者可能的习惯是话题跳跃过快，与狗型讨论者相反。

- 羊型讨论者：羊温顺听话。这类讨论者可能是课程中怯生生的新手，需要给予信心和鼓励。

- 猪型讨论者：动物中，二师兄给人感觉愚蠢，但动物学家认为它们智商很高，这种人属于"狡猾的愚蠢"(deceptively simple)，不要忽略这些讨论者，有时候甚至可以把他们的貌似简单的问题提出来，让讨论更有质量。

这些类型当然不能囊括所有的学生，也和讨论者自身的生肖无关。这无非是便于老师思考讨论中的不同角色。一旦识别到发言者的不同形态之后，老师是可以对症下药采取不同应对策略的。比如可以鼓励潜水的学生多发言，甚至可以问："小明，这个问题你怎么看？"对于话题的过度跳跃，也可以给拉回来，以免扯得太远，导致教学目标无法实现。"鸡型讨论者"可能只定期打鸣，例如只在星期一出现，其他时间不看讨论，他们会错过星期四、星期五的一些同学的发言，需要有所提醒。这些管理是比较费事的，有时候老师可能需要一个助教，帮助维持讨论的秩序。

讨论规则。讨论也会翻车。"不知者不为罪"，有些规则事先不讲好，事后试图约束，则难度大得多，也难以服众。有老师曾告诉我，他见过一门试听课里有孩子老是嘲笑老师胖，甚至说脏话，导致全班被禁言。这个问题的一个解决办法，是在讨论之前"约法三章"，告知讨论的规则和期望值是什么，如果犯规又是什么结果。如果"规则"给人冷冰冰的印象，压抑讨论，也可以换成"期望值"或者"网络礼仪"的说法。弗吉尼亚·谢耶在《网络礼仪》(*Netiquette*)一书中总结了十条礼仪，我稍做了一些补充和修改，可以作为参考：

1. 记住我们都是人，都有各自的需求，也都有被人尊重的需要。
2. 用现实生活中的文明礼仪要求网上的自己，不要因为在网上，就可以为所欲为。
3. 了解自己的环境。不同的讨论和群组，大家的期望值可能有所差异。不同社区有各自的文化，要了解他们的细微差别。平时可能大家也注意到，有些人在单位当个小领导，颐指气使，到了同学圈还是这样，就会让人侧目。
4. 尊重别人的时间和带宽、流量限制，不"分享"一些自己喜欢，但可能浪费他人时间和流量的东西，包括视频。

5. 注意自己的形象，珍惜自己的网络羽毛。不要以为是在网上，就可以乱说乱发，网上不负责任的说法，会跟随一个人更久。电子足迹更难抹除。即便你自己删除了，也可能被他人截屏，困扰很久。

6. 分享自己知道的"专家知识"（expert knowledge），比如可能会帮助老师、同学的一些知识，但不分享一些网络上其他人也在分享的大路货。

7. 不要陷入骂战不可自拔。

8. 尊重他人隐私，不透露他人的个人信息，也不能不经他人同意，分享和他人私下聊天的截屏。

9. 不滥用自己的权力。网上你可以做的事情很多，但是未必都是你应该去做的。

10. 原谅他人的失误，我们都会失误，不如大家都宽容一点。

这些说法，老师在自己平时参与的各种聊天群里，也应该多加使用。网络讨论是训练这些网络礼仪的一个好环境。这些礼仪有助于学生成长为更负责、更文明的网络公民。除了上述礼仪之外，老师还可以对文字表达增加一些额外的期望，例如讨论中能否使用表情符？对语法和错别字有无要求？是否要求增加文献出处等。

工具运用。最后，我们说说讨论工具的使用。讨论的工具通常是非同时在线的讨论区，也可能是大家都可以编辑的百科网页、博客等。不同工具的功能有细微差别，老师要善于使用。如果是用百科网页讨论，要注意不要无意中删除彼此的发言。如果是博客，要发布进入的地址。

线上讨论区的使用，也有很多有趣的技术考虑，例如——

- 课程开始说明将使用什么工具开展讨论和互动，如何进入，如何退出。

- 决定讨论放在课程的什么地方。我建议使用就近原则，放在和相关教学内容一起的地方，比如放在同一个单元里。

- 明确发言什么时候开始，什么时候结束，可以使用技术手段开放、关闭发言。

- 规定是否允许跟帖，还是只让学生每人针对话题，发表自己的反馈。

- 可设置讨论区为先发帖后回帖。学生如果自己没有发言，而先看到他人的发言，恐怕会因群体压力等原因不再发言，或受他人影响改变想法。有些课程管理的软件，是有"不发帖不能看到回复"这种功能的。

- 规定是否使用评估量表评估。

- 规定是否打分，根据什么标准打分。

- 如果发言比较长，建议学生备份自己的发言，以免网络死机或他人误删，导致所有内容消失。

决定是否使用匿名发帖的方式。有时候为了创造安全的环境征集大家意见，可以使用匿名发帖的方式。如果是公开论坛，需慎重使用匿名方式。匿名帖如果不可逆，发现不合理的发言后不便干预。如果可逆，匿名可追踪到人，则对学生不公平。如果仅仅是收集学生意见，可采取其他的工具，比如匿名问卷调查，其结果只有老师自己看到。

当然，互动的工具远不止在线讨论这些。其他工具包括小组作业、项目作业、博客等，但我想如果认真思考了问题的设置、技术的运用、学生的可能形态、规则和礼仪、老师自己的作为之后，不论使用什么工具，都可以展开高效、有趣的互动。这些互动，会形成良好的网络学习氛围。它对未来可能在虚拟环境下工作的学生，是极好的训练。这不正是教育要做的事情之一吗？

第九讲

网络的课堂观

很多人在说到网络教学中的网课老师、学生和家长，这没错，但是很少有人去讨论，网课应不应该有个空中课堂？如果没有一个虚拟的课堂，学生在网上的学习，可能是一种网络上的奇异漂流，今天在这里，明天在那里，学无定所。网课也带来了一些对网络课堂的思考，以及对教学法本身的反思。在这一讲里，我们将说说作为网络课堂的虚拟课堂环境，以及如何组织在虚拟课堂里的教学。

为什么要有个在线课堂

疫情的停课期间，我所在的学校规定，老师教学一律集成在Canvas 这个课程管理系统里。为什么对教学工具的使用，居然这么"专制"？这也是一种生本主义。我刚来时，最为流行的是移动学习。苹果公司的手机、iPad 出来还没有多少年，教育界在探讨如何使用学生的手机、iPad 展开教学。大家对于课程管理系统不重视，学校用了一个出版商新开发的系统做课程管理软件。该软件的研发，被出版商外包到了南亚一个国家，系统性能很不齐全。老师怨声载道，后来纷纷背离学校要求，自己使用感觉顺手的平台，包括诸多免费平台，如Blackboard 公司的 Course sites，开源的 Moodle，免费版的 Canvas，甚至还有 WordPress。一时间，我们学校成为全世界人均平台最密集的地方。学生这下可苦了，一天下来，要登录各种不同的系统，频繁切换，教育质量无从保证。

后来我坚持选择一个稳定的平台。这个过程并不简单。那时候老师对行政系统的技术选择已经颇多意见。我们在选择的过程中，让所有供应商享有均等的机会给老师展示自己的平台。我们还组织了一个教师委员会帮助决策。我们自己在幕后分析不同平台的优劣，然后汇报给委员会，由教师委员会投票决定。这个过程长达几个月，但是属于所谓的审慎调研（due diligence），充分的沟通和民主的决策，使得老师对于新系统非常认可。我们后来一用五年，合同期满延续，没有异议，这在高校简直匪夷所思。以至于有老师跟我开玩笑：如果学校停用系统，就别怪我们上街游行，焚烧学校校旗了。他们对于该系统的器重，可见一斑。说起这件往事，是想提醒教育管理者，教育软件的上马，千万不能马虎，拍脑袋决策，一定要充分纳入关键的"利益相关人"的意见和建议。如果他们不买账，巨大投资可能会打水漂。调研的过程，对软件本身，也是一种宣传，让更多老师知道这些软件的存在，会加速一个新产品的运用。创新的扩散是一门技术活，未必是酒香不怕巷子深的情形。

课程管理系统如同在线教育中的航母，它们分别可以接入其他教学软件、平台、出版商资料，无限延伸。这些平台费用高昂，维护和管理成本也不低，但磨刀不误砍柴工，美国大部分教育机构舍得花血本投资在这上面。它们使得教和学都变得方便易行，这也促进了在线教学的飞速发展，在不少学校，它们已经和面对面教学平分秋色。借助这些系统，学习环境整饬有序，少有干扰。它们也有利于老师对教学资源的调配、课程的复制和转换。借助这种课程管理系统，传统课程转化为在线课程的过程入门简单，就好像学象棋时学马走日象飞田炮打要翻山，很快就可以掌握。而想变成象棋界的李世石，则非一日之功。换言之，复杂而且功能强大的平台，使得菜鸟能够迅速上手，高手也可以做得精致复杂。在线课程如何组织，还涉及教育行为学、认知学、心理学，设计者需考虑减轻认知负荷，减少学习干扰，增加学习激励，强化自律。

国内现在在线教育火爆，比如慕课、公开课发展得很快。一些慕课平台促成了不少在线学习，把在美国不冷不热的慕课，变得热门起来。另外还有微信群通过语音授课，有的是免费，有的是计次收费，有的是半培训半个人辅导性质，收费更高。不过朋友们和我说起这种微信教育模式的时候，我总是无法进入状态。和其他很多社交媒体一样，微信上作业没法方便地提交、批改。测试没法进行，学生不能得到测试上的反馈。微信和脸书、推特一样，属于社交媒体，而非教学平台。高等教育领域关于将社交媒体用于教学的讨论一点都不少，但雷声大雨点小，很少真的成气候，成功案例很少。

一旦缺乏专业的课程管理系统，老师就会为了教学需要，在技术应用上东拼西凑。这些工具纷繁芜杂，好的地方是造就非正式学习的机会。社交媒体工具进入门槛低，可以拉平起点，让所有人都可以及时获得信息。这是它的长项，也是它吸引教育者的重要地方。但它们除非从教育着眼，重启新版本，否则并不适合校园教学。缺乏共同、稳定的课程开发和管理支持系统，大家各自建设，貌似绕开了平台搭建这一环，实际上欲速则不达，存在大量重复劳动，也是社会资源的耗费。长远来看，变革反而缓慢。

虚拟课堂是什么模样

在同一个课程管理系统内，课程的内容被拆分成单元放在课程管理系统上，单元里面会有内容介绍、教学录像、阅读材料、讨论、小测验、作业，等等。老师依托学校提供的系统，将传统教学打乱，在线上重新组合。这些系统功能非常强大，可以收发作业、组织讨论。我的工作就是帮助老师将传统的课程翻译成在线或混合课程，让他们少收纸张的作业，少发试卷，而是直接在网络上测试、批改。从性能上说，一个好的在线课堂应有的功能，我按照老师通常使用的频率列举一下：

- **成绩模块**：老师可以随时添加新的测评项目，设置类别，为类别设置权重。老师可以在某个类别内，删除最低分，或是因学生有正当理由缺席测评时，豁免某个学生的某个考分。在线成绩管理模块里，老师还可以看到某项成绩的分布，必要时将原始分按照常模分布法重新分布。老师还应该可以在成绩管理系统之内，直接和学生发信息沟通。

- **作业模块**：学生可以提交作业，老师可以在线修改，随时划

线、圈点、添加评论。可以提供文字、语音、甚至视频的及时
反馈。系统还应该在作业模块中，添加评估量表（rubric）的
功能，有的还有查重功能，或外接 Turnitin 这样的外部查重软
件，以打压作业作弊的不良学风。作业模块一个常见的功能是
同伴互评（peer review），让学生评论彼此的作业。大型的慕
课里，老师要应对太多学生，逐个批改作业比较不切实际，同
伴互评则会成为测评和互动的有效方式之一。

- **测评模块**：老师可以随时设置测验和考试，让学生能够在线考
  试。有时候在线系统还能让老师外接 Lockdown Browser 等锁
  屏功能，增加考试的安全性。还有一些系统，如 Honor lock，
  甚至能封锁网上出现的类似考题，让学生无法搜索到。或是
  学生离开考试页面时，系统会对老师发出预警。良好的测评管
  理，让美国每一个普通老师，都能够拥有像 ACT、SAT 等高
  中升学考试那样强大的测评管理能力。

- **评论模块**：老师可以设置评论区，让学生在线时回答相关问
  题，并互相评论。现在的评论区越来越精致，学生可以使用
  视频和语音聊天。还有老师在系统内外接多媒体评论平台
  VoiceThread 或者 Flip grid，使得在线教学互动更丰富多彩。

- **协作模块**：系统应有协作功能，包括供学生同时在线、共同完
  成的文档，以及丰富的小组管理功能，使得班级过大的时候，
  学生能够在各自的小组里互相协作。

- **视频模块**：视频的平台，一直是教学中的老大难。有的老师会

把视频放在 Youtube、优酷上，这都是不理想的。这些平台本非教学平台，广告和大数据推送的相关视频，会形成众多干扰。登录忘记密码也是寻常事。Canvas、Blackboard、Moodle 都可以外接一些专用的视频平台，包括 Kaltura、Pantopod、TechSmith Relay 等。通过课程管理系统，外接专用教学视频平台是比较好的解决方案。

- **成员模块**：系统应该便于成员的添加和管理。市面上的大部分课程管理软件都能够和学生管理系统（如 Banner）有机整合，让系统直接把学生、老师、助教导入相关课程，省了老师逐个添加的麻烦。

- **沟通模块**：这个模块可包括和学生点对点沟通的邮件、聊天，也可包括老师对全班的通知等系统。

- **直播模块**：课程管理系统多以非共时教学见长，但也有一些系统，外接了诸如 BigBlueButton 和 Zoom 这样的直播平台，让老师可以从系统内发起直播。

- **移动应用**：好的系统，应该在移动设备上有应用，功能齐全，让仅有手机或者平板电脑的学生，也能够运用自如。

其他的功能还包括成果管理、数据统计、日历管理等。它们同样帮助学生在一个虚拟课堂里，能够很好地管理自己的学习。对老师来说，课程管理系统，也使得他们真正具备了把课堂从线下搬到云端的可能。

如何把线下课堂发射到云端

在线教育应该是加涅等人所言的教育设计，借助教育平台施展开。在《学习的条件》（*The Conditions for Learning*）中，加涅提出，为了给学生创造学的条件，教学中应该有九个步骤。

表 9.1

认知状态	教学步骤
接受（reception）	吸引注意（gaining attention）
期待（expectancy）	告知学生的学习目标（informing learners of the objective）
回顾（retrieval）	鼓励学生回顾过去所学（stimulating recall of prior learning）
选择性接受（selective perception）	提供刺激（presenting stimulus）
语义解码（semantic encoding）	提供指导（providing learning guidance）
回应（responding）	提供呈现所学机会（eliciting performance）
巩固（reinforcement）	提供反馈（providing feedback）
回顾（retrieval）	评估学生的表现（assessing performance）
生成（generalization）	提高记忆和转换（enhancing retention and transfer）

我们可以利用加涅的理论，给面对面的教学进行一次"手术解剖"，会发现好的老师在讲课中会不自觉地运用这些原则。加涅的理论多依据心理学上对于人认知过程的一些了解。其中既有认知主义对

于人思维发展的了解（如回顾、生成这些概念），也有行为主义对学习的理解。其中一些概念需要一定的心理学知识，而且步骤过多、过于复杂，翻译成中文后可能引起歧义。例如"提供刺激"，未必是指提供刺激性的内容，如提供"猛料"、讲段子"刺激"学生，或者是提供花哨的转换和动画效果，这一切未必全都有助于学生的学习，处理不当甚至有害。有时候一个老师在台上滔滔不绝，看似精彩，但是没有和学生互动，没给学生消化的机会，回头学生会忘得一干二净。不信大家回忆一下各自的学习过程，看自己真正"学到了东西"的教育经历，是不是有这种现象存在？所谓"刺激"，只是指行为主义中所说的"刺激－反应－巩固"这个概念，可能大家最熟悉的是巴甫洛夫的狗条件反射的实验：每次给狗送食物之前打开红灯、响起铃声（刺激），经过一段时间以后，铃一响或红灯亮起，狗就开始分泌唾液。也就是说刺激，是以对学生来说最为优化的策略，把内容展现给学生。它关系到教学的组织，比如内容的切分与排序，媒介的选择，也关系到学习者的内在条件，比如他们在不在乎学习的内容，他们有没有学习当下内容所需的知识、技能和态度。

为了简化这个过程，我将其在网络教学中的运用，简化为网课的五个步骤，并用一只手来表示：

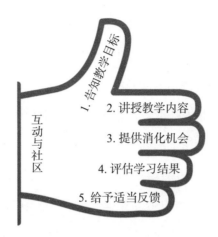

告知教学目标：在课程的每个教学单元，或者直播的每节课里，告诉学生你希望他们实现哪些目标，这个单元涵盖哪些内容，以及希望他们完成哪些活动。如果学生不知道一节课自己到底要干什么，达成什么目标，学习就会盲目。形成这种目标也有助于老师思考自己的教学策略。

讲授教学内容：使用阅读材料、音频、视频、游戏或其他内容共享工具，向学生讲授自己的教学。这个过程与面对面课堂上的讲授应该比较类似。但如果使用视频，学生可能更倾向于简短的视频，围绕不同的主题，而不是将 45 分钟课堂教学照搬到网上。你可以在同一个页面嵌入多个视频。

提供消化机会：给学生一些作业或者活动，帮助他们学习。这可能包括讨论、作业、练习、游戏，以及其他适合具体课程的学习活动。

评估学习结果：测试学生对学习材料的掌握程度，使用测验、讨论。这可能与上一步骤有些重叠，但在上一步中，我们侧重于形成性测评，而此步骤可能会更偏向于总结性测评。

给予适当反馈：使用页面或视频向班级、小组或个别学生提供反馈。这通常体现在批改作业或测验讲解中。传统的教学中，老师提供反馈多针对全班，而学生的问题可能是不同的。反馈同样应该增加个性化，我建议大家多使用音频视频给出反馈。可能大家觉得这是不是太耽误时间了，我一个班50多个学生，每个人我都录一段视频还不累死？不过此事需有些逆向思维。对大多数人来说，说比写快，一旦技术平台不成问题，我们给出口头的留言反馈，速度应该更快一些。我在学校使用的课程管理软件Canvas里，老师批改作业，就很喜欢用"多媒体评论"（media comment）这个功能，用语音或者视频批改作业。

社交与社区：学习不仅是掌握内容，否则学生直接上网搜索好了。一个班级之所以是一个班级，一个学校之所以是一个学校，还因为它们有各自的社区文化，学生在这个社区内，和其他学生、老师等人，有各种互动关系。学习不能忽略社交成分，独学无友则孤陋寡闻。因此，我也鼓励大家设计能够促进学生与教师、学生与学生的互动，创建和维护一个充满活力的在线学习社区。在线讨论可能是一个很好的工具。老师也可以使用"协作"和"聊天"工具。纯粹文字的沟通也不一定能够建立这种社区感，老师也可以考虑加入一些多人在线视频的活动，增强社区感，不让学生觉得孤立无援。

为了帮助老师使用这些步骤去组织自己的网上教学，我在共享空间 Canvas Commons 中，放置了一个示例单元。它基本上代表了以上步骤，这包括一开始的介绍本单元学习结果页面、视频授课页面、练习、作业建议、测验或者考试，以及最后的反馈建议。建议教研组组织起来，提供类似模版，让老师迅速上手，并能够将模版内容快速复制。

线上课堂的设计原理

总的来说，线下上课的内容，线上大部分一样可以完成，但是不能考虑在方法上照搬线下的模式。有的老师一开始做网课，是让人将自己在讲台上讲课的整个过程录下来，放到网上。这种效果一般不会太好，因为学生在家，在电脑面前，注意力撑不了那么久。线上和混合教学里有个著名的 SAMR 理论，提出者为鲁本·蓬特杜拉（Ruben Puentedura）博士。SAMR 这四个字母分别代表：替代（substitution）、增强（augmentation）、调整（modification）、重新定义（redefinition）。该理论中的"增强"和"调整"两个概念之间界限有些模糊，不过也不必做过于复杂的区分。

受其启发，我们不妨将其简化一下，变成对线下教学的翻版、增强和创新。例如：

表 9.2

和线下教学的关系	说明	授课	作业	测评
翻版	仅改变媒介内容，形式上克隆线下模式。	将自己在课堂上的教学全程录像后发布在网上。	让学生用纸笔完成作业，扫描或者拍照上传。	线上测评比较难以翻版以翻版线下的模式，但也有老师让学生前在固定考点，或是寻找学生，邮寄试卷给学生，让其在他人监考的环境下，在固定时间内完成考试。
增强	模仿线下课堂的方式，但使用在线工具所提供的一些功能，强化教学效果或效率。	使用视频直播方式授课，增加一些在线投票功能，或是开关麦克风以管理班级秩序。	让学生提交作业到课程管理系统，老师在线批改，可利用在线的一些工具，比如评注、语音评论、视频评论等方式给学生点评。有些作业可以先让学生互评，最终稿才让老师去评，这就对作业本身的流程进行了调整和增强。	设计在线测评，让学生在线上时时完成。这可以设置考试时间范围（例如星期一整天都可以登录考试），时间长度（比如限30分钟完成）等。它对线下的测评有所增强，因为对老师给不同学生可以不同可使用题库。另外考试还可以分批发布，让不同班级的学生在不同时段去考，像ACT考试一样。

和线下教学的关系	说明	授课	作业	测评
创新	老师依据教学平台和现有技术工具，包括手机等移动工具，以及各种人工智能的辅助，大尺度颠覆过去的教学方式。	老师授课方式有所创新，比如不只是利用直播，创新方式多种多样，让学生可以随时随地接触教学内容。老师也可以制作有趣的学习体验，包括游戏和模拟，或是数字教学故事。老师也可以使用一些外部的教学资料，自己转换角色为教学资源的守门者、答疑解惑的辅导者。	用创新的方式，让学生消化吸收学习内容，包括自己完成在线练习、小组讨论、游戏、竞赛等。也可依据建构学习的方式，让学生依靠自己的背景、地区、知识、技能，贡献各自的力量，丰富课堂教学。	拓展测评的外延，让学生不只是用考试来衡量自己的学习成果，而是增加一些项目式作业、演讲演示、真实任务等，比如教育系的学生，可以创建日后可以拿来使用的课程大纲。详见本书关于测评的一章。

141

　　以上的三个层次，可以是循序渐进不断发展的。总的来说，第一个翻版的模式，只能作为短期或者应急时的过渡，会越来越不可取。把课程搬到网上，不是简单照搬。课堂进入网络，会改变老师的教学过程，也会改变学生的学习过程。根据维果斯基的"活动理论"（activity theory），当工具介入任何一个人类活动之后，都会对主体、客体、活动的目标产生深刻的影响。后来赫尔辛基大学的教授恩格斯特姆对这个理论进行了延伸，认为工具的介入也影响了活动所依附的社区、分工合作和相关规则。

　　网课可不就是这样？这个虚拟的课堂影响了社会分工，比如老师需要课程设计，需要和教育技术专业人员协作。网课也改变了社区关系，比如家长、学生、老师、学校之间的互动方式。一些规则也在改变，比如在线直播课什么时候发言，在线讨论的礼仪和规则，这一切都在改变。希望各位从事网课教学的老师，在线教育的研究者，持续积累经验，深化研究，让老师、学生、学校和家庭，都能从越来越好的网络课堂实践中受益。

第十讲

网课如何整合资源

讨论教育时，我们往往预设有固定的学习内容，余下的只不过老师采取什么方法去教，学生采取什么方式去学的问题。不过有时候我们更需要问的不是"怎样"和"如何"，而是"什么""谁""为什么"的选择问题。我们会在本讲中谈到网课如何整合资源，这包括学习内容的选择，网课老师在其中的作用，以及如何把部分知识"外挂"。通过合理设计，将知识合理分布在外部和内部，让学生更为有效地学习。各个学科的教学内容本身并不一样，这里不具体分析，而是说一些总体的思考和设计原则。

走出囤货症

过去我认为学习者有"干货症"，出于一种攀比心理而学习，新型冠状病毒肺炎疫情期间，我发现这个说法不如改为"囤货症"。人们去超市，去网店下单，每个人的购物车上都"干货满满"，包括大米、干粮、纸巾。后来这个现象席卷全球，各地大卖场的货都在被人抢，囤口罩、酒精和手套可以理解，但也有囤厕纸的。厕纸一般都是大包装，一包二三十卷，特别占场地。多几个人买，货架很快空掉，更多人会出于紧张来买，恶性循环。还有人去囤鸡蛋牛奶，这是很让人费解的，因为这些货囤了也放不了多久，反而让临时需要的人什么也买不了。这些囤积说明，很多人的囤积，更多是出自恐慌。这种恐慌的传染速度不比病毒本身慢。未来不确定的瘟疫，带来的这种心理不难理解，也不必嘲讽。

学习中，人们害怕落伍，害怕出局，而对学习内容囤积居奇。有很多对自己的长进并无多大好处，或者得不偿失。这才是真正的非理性，比囤厕所的纸荒谬多了。如今教育术语满天飞，貌似人们见多识广。你话没讲半句，他都能接上两三句，你说的他全知道。可是看其做事，却仍稚嫩，不经推敲。人们如饥似渴地追求新观念，新方法，比如慕课、翻转课堂、微课……新观念一波接着一波来，落实好的却少见。每个人找"干货"，囤"干货"，收藏了却不去消化，就像狗熊掰玉米一样，一路走一路丢；一个"干货"没派上用场，又匆忙去收别的"干货"去了。那些别人提炼出来的东西，都有过各自积淀的过程，你不能把别人的盐当饭吃。

囤积的知识，在需要的时候都不难找到。能学进去，产生变化，这才是王道。教育者应该是终身学习者。学习者走街串巷收干货，从结果上看，跟什么都捡、什么都不舍得扔的收藏癖并无两样。收一堆微信文章和各处寻来的文档在家，束之高阁，不过是让知识从一个人的电脑，下载到自己的电脑，这中间一切未曾经过自己的大脑。快速便捷的传播，只是造成了大量信息泡沫。

囤货症患者总在担心自己会不会错过某个机遇，于是一个都不能少，什么都不放弃。贪多好比把手伸进罐子里抓糖吃的猴子，会把自己的手困住。算上各种非正式教育机会的话，这年头机会也是过剩的。但很多人身子在过剩时代，脑子在稀缺时代。就好比从生存经济里过来的人那样，穷怕了，短缺怕了，有人在巷子里喊一声副食品要涨价了都倾巢而出。这种思维的人习惯性地贪多求大，在囤积中寻找安全感。

在机遇上"穷怕了"的人，会怎么和世界互动呢？我总结了几类。

瞬间过时论："再不看就删了……"删掉算什么，走红的东西很快网上别人会转得到处都是，不耽误你时间就谢天谢地了。

信息特供论："这资料难得，好不容易找来，与大家分享。"有些信息其实俯拾皆是，教育资源和信息已经不是少数人占有。任何人通过合适的方法都能获得。

收藏症："全是干货，赶紧收藏。"收藏了没有消化就是废品，占的是你的内存，费的是你的时间。这种囤积习惯，会把人变成废品站。

这些吸引眼球的标题，都还是依赖于人们的稀缺思维，可见稀缺思维当今如何普遍。过渡到学习资源过剩时代，学生和老师应该考虑进行新的选择了。

推广 N+1 众师模式

过剩的时代，老师的角色也在改变。老师过去的角色是知识传授，现在可以利用已有的课程，在不违反知识版权的原则下，做知识的"二传手"。现在一个很受欢迎的网课教学模式，是"双师模式"，我是从中国发展研究基金会原副秘书长汤敏先生的一些介绍中听说的。此模式是一位外地精品课程的老师，加一个本地老师形成的教学架构。外地老师传授内容，本地老师或拾遗补缺或答疑解惑。很多时候，外地老师通过视频直播，本地学生通过视频收看。在教学资源不足的地区，这个模式取得了不少成效。本地老师也可以通过观摩外地老师的教学，提高自身的业务水平和信心。只不过我有些担心，如果只是一加一，会不会给人"外来和尚好念经"的印象，矮化本地老师，挫伤其积极性，影响其职业自豪感？这些问题，有待教育研究者去发现。

或许更应该做的，是如何顺着"双师教学"这个思路，思考"N + 1"的"众师模式"。老师使用多渠道的教学，聚合诸多学习资源，而不限于外地的一个老师。整合之后，以合理的设计，发布给学生。网课中，这么做几乎是一种新常态了。那么老师要整合的 N 资源，可以是什么呢？以下是一些参考：

- **出版社的教学资源**：不少出版社在出版教材的同时，也在制作教材工具包，添加各种和教材、教学有关的素材，比如利用教材制作的教学视频、PPT、测验、练习、讨论题等。举例来说，培生教育就将自己的资源直接整合到了老师使用的课程管理软件里。

- **可汗学院**：可汗学院主要针对中小学，被老师和家长广泛使用。可汗学院甚至可以帮助学生复习升学考试。该学院的一个长处，是内容颗粒化。不是让名师在那里做百家讲坛，而是把教学的内容细分到具体的知识点。另外，可汗学院将内容、测评、反馈整合起来。学生看完了视频可以做测验，测验完了可以得到反馈。可以说，它本身就是一个好的网课平台。老师在实际使用中，可以借助内容颗粒化的长处，将具体的内容整合到自己的教学当中，而不是笼统地告诉学生去可汗学院搜索。学生不一定可以找到最适合自己水平的教学素材。

- **琳达教学**（Lynda.com，被领英公司收购后更名为"领英学习"）：有大批量的教学资源，可供老师选用。琳达教学原本是教技术工具的视频平台，不过现在各种学科都有自己的技术工具：设计系需要学习 Photoshop、Premier 等各种软件，工程系要学 Autocad，音乐系要学作曲软件调音方法，社会学系可能需要学习统计软件 SPSS。甚至哲学系，可能也需要学习如何使用文献整理软件 Zotero 和 Endnote 等等。这些应用技术，雇主也是需要的。它们可成为一个专业的亮点。不过这些应用软件日新月异，学习能力超强的老师看到了都眼花缭乱，跟不上发展。这时候不妨帮学生做选择，将合适的视频放在课程合适的地方。

- **TED Talk**：TED Talk 也是一个日渐壮大的演讲平台，其中的"TED"分别指技术（technology）、娱乐（entertainment）和设计（design），不过我发现用中间的 E 代表教育（education）

也无违和感。越来越多的老师，为了激励学生接触本领域的前沿思想，会在教学中插入一些 TED 演讲，让学生知道业内的大咖都是怎么思考、怎么解决问题的，这对于学生是很好的教育。国内与之对应的平台为"一席""造就"等等。

老师可整合到自己网课平台的资源，还包括教育电视台、公共广播电台、博物馆、图书馆、文献数据库、博客、播客的材料，以及名师发布在各大视频平台上的材料。来源太多，学生会在丰裕中迷失方向，其知识结构未必能够让他们准确判断诸多材料的真伪和质量。老师可借助更精细的知识结构，更强的鉴别能力，帮助学生在海量的数据库里，筛选学生所需的内容，或是教学生如何去发问、探索、鉴别、筛选、采用。网课的老师，也应该是知识的守门人，探究的向导，答疑的智者。

除了专业知识之外，网课老师以及其他老师，还应该培养学生的一些软技能。不止一次有老师告诉我，学生就业之后，单位看的并不是他们学什么课程拿了 A，而是看他们有没有很多软技能，这包括：

自律和自我管理。网课的尝试中，暴露出的一个很大问题是，时间界限打破后，自律意识强、善于管理时间的学生会学得从容，而这方面薄弱的学生，则事事要家长去盯去催，家长变成了助教甚至是书僮。这么做，会剥夺学生培养自律意识和时间管理技能的机会。工作、家务、辅导孩子的事务相互叠加，相互干扰，家长压力巨大。而善于领导的管理者反而有休息时间，因为他们合理规划任务，合理对员工授权，也通过培训发展和在职学习，给员工赋能。管理孩子的家长也该学一点授权和赋能，不去干预学习的具体进程。家长更应该努力的，是帮助学生培养自律和时间管理能力。这些能力和专业知识一样，能够帮助学生找到工作、发展事业。这些方面，需要教育界持续不断地和家长沟通，设置更为合理的边界。另外，由于一天事务众多，老师还可教学生学点项目管理，把大的任务，切分成小的任务，如此大事可化为小事，难事可变成易事。

审辨思维。信息众多，鱼龙混杂，网课老师要教学生学会甄别。否则，他们吃了半天，发现全是垃圾食品。这需要老师培养学生精致消费的习惯，别像吃自助餐那样，撑坏自己，吃得极不舒服。资源丰盛的时代，审辨思维尤为重要。在消费信息时，不妨对信息进行图书馆系统常说的 CRAP 测试，也就是该信息是新还是旧，来源是否可靠，作者是否权威，目的是否合理。

精力管理。人生的成效是做除法。分子是你的机会，分母是你的投资。如果你用 10 倍的投资，只能得到 1.5 倍的机会，你的成效是减小而非扩大了。从长远规划上看，如果为了追求"一流资源"而透支，需要用力时已是强弩之末，这会拖累日后发展，什么都比人慢一拍。人生早年，不知兴趣所系，能力所在，故而四处开花，尚可理解。最终我们都会发现，成功者往往都是盯准一件事，做深做精，找到稳妥的立足点就受用一生。长期处在"宽以里计，深以寸计"的状态，会导致已有资源更趋稀薄，且会形成倦怠。早年四处开花，若不能及时收敛，终会一无所成。

研究方法。不管我们做什么事情，我希望大家都学一点研究的方法和思路。我当时学的是定性研究的方法，这种研究技能在很多场合都可以使用。包括我现在写文章，很多话题我一点都不熟悉，比如说美国医疗什么状况，美国教科书采用是什么状况，我都是用这个应用研究的方法去准备的。研究技能不只是研究人员和学术人员专有，也是未来知识工人的必备技能，它让人在没有答案的时候找答案，在问题不清楚的时候界定问题。这些都不只是学术技能，也是工作的技能，生活的需要。

把电脑变成外置的大脑

多年以来，我什么都放在网络上。比如电话号码，外国电话号码基本上都放在手机通讯录上，国内电话号码都放在 Skype 上。我相信我电脑、手机的损坏、丢失、更换，一定会比谷歌和 Skype 的破产来得早，故而一直相信"云计算"的覆盖能力。但是这种新时代的"好记性不如烂笔头"做法有个弊端：我几乎什么电话号码都记不得了。回国后，手机有时候连不上网，也进入不到 Skype 查找号码，一下子跟谁都联系不上了。在上海的大街小巷，我从云端跌到雾里。

这小小的插曲是跌落数字鸿沟的一次历险，但我依然相信，不一定什么东西都得往大脑里记。大脑应该腾空出来，去做一些更有创造性的事情。我基本上是这么想，也这么做的。把一些过去我们通常要记忆的东西放在外界，把生物的记忆转化成电子记忆，能让我们大脑有限的"带宽"，用来"上传""下载"经常使用的东西。按照布鲁姆的分类论，我是将大脑多用于所谓高端的技能，用来创造包括本书在内的各种知识产品。而记忆，我则交托给了外部世界，包括笔记本、电脑、手机和各种云盘。当然事实没有这么简单，有些东西还是要去用脑子记的，不然我找都不知道去哪里找。我在上海从云端跌落，就是一些常用事实没有记好导致的问题。

为什么有些东西不需要装到脑子里？不去记，去学，我们怎样仍能卓有成效？

在学习任何事物之前，不容忽略的一个问题是，这项内容是否需要我去学习？是否值得我们去学？作为课程设计师，照说我应该支持用教育的手段，让人有所学习，继而得到改变。什么问题我都可以用"学习"锤子来解决。但学习不是万能的，教育也不是。

人类绩效存在的问题，包括职场不出成绩，学生学习成绩差，未必都是知识或者技能的缺乏所致。著名教育设计专家亚历山大·罗米拉夫斯基在《教育系统的设计》一书中提出，绩效问题视类别和性质，应该采取不同的解决方法。教育和培训只是方法之一，不应该是放之四海而皆准的唯一办法。具体到网课上，我们也得考虑，学生出现问题，究竟是能力问题、态度问题，还是环境问题。很多时候，家长总是觉得小孩"学习态度不端正"导致成绩差，或许学生欠缺的不是态度。他们的态度很认真，而是缺了学习当下内容所需的先决条件。例如可汗学院的创办人可汗，听说自己一个亲戚小孩数学差，他自己一交流才发现，孩子是某个知识点的关没有过，才一再出问题的。好的网课老师，应该能够辨别学生学习不好的原因在哪里。

表 10.1　罗米拉夫斯基对绩效问题的分析

问题种类	问题分析	在平时工作中的解决方案	在网课中的运用
他这事从来都做不好。	他缺乏必要的预备。	● 教会一些必要的知识和技能。 ● 转岗／轮岗。 ● 将工作重新规划。	可通过测试，识别学生现有的知识状况，对需要补充的学习加以补充，包括利用学生自己完成的单元让其再次完成，而不去要求已经完成的学生。
	他有必要的预备。	● "告知"。 ● "示范"。 ● 在职培训。 ● 正式教育（上课）。	规划课程的教学，由易到难，让学生经由高效设计的课程和单元，完成学习。
这事他过去做得还相当不错。	存在问题的任务出现频率过低。	● 计划、练习、事前培训。 ● 提供手册。 ● 提供工作辅助工具。	有些网课任务出现不频繁，操作步骤学生记不住，可在布置任务之前，添加教程的录像或者链接。
	存在问题的任务出现频繁。	● 扩大工作范畴。 ● 丰富工作内容。 ● 针对结果提供反馈。	正式课程之前提供相关培训，比如如何使用锁屏软件。前几次使用后，提供一个答疑的环节，让学生真正掌握。还可以提供一个不记分的模拟，让学生利用自己的时间去熟悉相关任务。

问题种类	问题分析	在平时工作中的解决方案	在网课中的运用
事情成败的后果如何？	做得好做得坏一样，没有明显的后果。	• 针对结果提供反馈。 • 为做得好的工作增加奖赏。	鼓励、表扬做得好的同学，可在其同意下，将学生的优秀作业拿出来展示。也可利用分数，鼓励某些任务的完成。
	做得差反倒有好处。	• 消除不当奖励，不让坏的绩效被鼓励。 • 为做得好的工作增加奖赏。	在课程早期，收集学生的反馈，并针对学生提出的不合理的地方加以改进。也可在授课前，请同行、课程设计师评估自己的课程，预先发现问题。 修改学习成果测试的方式，修改考题，增强对学生的鉴别能力。
	做得好反倒被惩罚。	• 消除不当惩罚。 • 为低绩效、无绩效增加惩罚。	同上。

网课十讲

问题种类	问题分析	在平时工作中的解决方案	在网课中的运用
工作如何组织?	方法和工具有缺陷。	● 重新规划工作设备和空间。 ● 重新规划工作方法或次序。	评估自己对网课教学工具的使用,考虑这些工具的选用是否合理,是否存在核心功能的欠缺,使得自己的教学无法开展,必要时更换或者要求增加其他工具。 也要考虑是不是自己在欠缺学习的情况下,慌乱地使用某些工具,不能掌握它的潜力,这需要抽时间去学习。
	管理和监督系统存在缺陷。	● 重组责任。 ● 重组管理系统。	学校本身,需不断改进自己对网课部署、支持的流程、政策和人员部署,争取能对老师和学生都给出高效支持。 学校内部利益攸关的方面可能对于问题的识别存在顾虑或盲点。必要时,学校可聘请外部专家,审核自己的做法,提出客观的意见。

从上表中可以看出，在我们工作或者学习当中，如果努力的结果不如人意，最好都先根据上述要素梳理一遍，想想看到底是哪些方面出了问题。绩效技术（human performance technology）是一门新兴的学科，比教育范畴更大一些。国际绩效改进协会（ISPI）于 2011 年进入中国。绩效改进如今在企业界已经是熟面孔，在教育界还是新事物。一个人学习不好，我们常常将不同的成因混为一谈，缺乏精细分析的习惯，而匆忙去下结论。学习这种绩效不好，分析起来，原因有如下几大类：

态度问题： 愿不愿意？如果一个人有能力但是他不愿意去学，很有可能存在激励问题，比如一开始存在畏难情绪，觉得自己学不会，缺乏信心。另外一个极端，是学习内容太乏味，罗米拉夫斯基方案中的"扩大工作范畴"和"丰富工作内涵"就是相应的解决方案。我们学习劲头不足，未必都是学不会，有可能是缺乏挑战，也可能是学习的内容和我们的目标无法挂钩。

能力问题： 学起来吃力不吃力？如果学起来吃力，学不会，可能是缺乏一些先前必要的预备，比如相关的预备性知识尚不完整，这需要去弥补，或是降低现有学习内容的难度。老师的教学设计也可能存在问题，比如没有从简单到复杂将内容进行合理分拆和部署。将学习单元化、颗粒化，相应展开教学，并随时给出反馈，有助于精细区分学习者的认知现状。

环境问题： 在能力和态度都不存在问题的情况下，学习效果仍然没有达成，那到底是怎么回事呢？可能是学习环境出了问题，比如缺乏必要的资源和支持。在这种情况下，为难学习者是不公平的。很多家长常犯这个毛病，忽略环境的因素，把孩子学习不好的问题，统统归结为态度上的原因。环境问题还包括：周围存在干扰因素，如家里太吵，没有电脑，网络不稳定，家里工作、学习、家务界限不清，学习者不能专心学习，也不能安心休息。学习者生活中出现了个人问题，比如家人生病，学习者得不到学习的合理反馈，等等。

另外，我们从上表中也能看出，有些东西是不需要通过学习来解决的。比如不需要经常去做的事，不需要去学，可以提供"手册"和"辅助工具"，而不是提供培训。由于美国人工很贵，逼得我很多东西自己动手，包括家里搅拌器的安装、热水炉的打火、汽车尾灯的更换、刷墙、补墙等等。大部分这些任务，我并不需要经常去做，没有必要专门去学，往往是学了很久不用，很快又忘记了。我会在需要的时候会去网上搜资源，比如视频辅导，跟着做。在网课的设计中，老师可以使用一些教程去帮助不会的学生，让学生按实际需要去看教程。

用设计思维部署课程内容

有次，创办数字设备公司的肯尼思·奥尔森在年会上无奈地宣布，他一直没有搞懂如何用公司的微波炉来热咖啡。《设计心理学：日常的设计》一书的作者诺曼有个朋友买了个电子表，老半天都调不好，摇头说："要把这表调对，得有麻省理工学院的工科硕士学位才行。"诺曼说："正是，我就是麻省理工学院的工科硕士，可我也调不对。"不会用微波炉热咖啡的奥尔森，也拥有麻省理工学院的两个工科硕士学位。可见，有时候我们睡觉不好怪床歪，可能床真是歪的。

不一定所有的知识都必须放在大脑里。放在外界，也是有学问的。老师需要有效地将信息摆放与分类，便于学生识别、查找，这需要设计思维。设计思维说来话长，我们不妨谈谈浅显而实用的四大原则。我个人长期使用这些原则设计课程，获益匪浅。如：

名实一致（affordances）：名实一致，是指能否从表面的呈现方式上，看到事物的实际功用。比如一个矮矮的敞口容器，可能被看成烟灰缸，虽然它本意是笔筒。刀形的东西，我们就想着用它来切东西。思维有一定的定势，除非有别的方法将这定势打破，否则最好顺应潮流，按照这定势来设计，如果你不希望有人把烟灰弹入你的笔筒的话。

使用限制（constraints）：你给使用者增加限制，使他犯不成错误。比如电脑的各种接口，最好设计成一个萝卜一个坑，你想插错都难。汽车的功能设计在这方面就非常好，你如果不把车打到停车位置，就没法发动。如果这方面给用户选择太多，用户不会喜欢，也会发生问题和事故。我所在城市的伊利法官大道和安波大道的交叉路口经常出交通事故。我们的城市很小，交通也不繁忙，为什么常有交通事故？我发现，一个很大的原因是道路的设计，违反了一些常理。比如限制不够多，四个方向的主道和辅道，都存在需要人为判断的情形。人的判断总是有可能失误的。一个方向需要判断都有可能发生交通事故，何况各个方向都需要判断？当初的设计者提供辅道，是为了开车的人方便，给了他们很多自由和选择，但这种选择的作用是负面的。同样，很多地方在双向道路的中间，开一条双向都可以行驶的切换道，这种切换，也反而增加了很多事故。这是给人多了选择，多了失误的可能，这都违反了以上使用限制原则。

自然对应（mapping）：在智能手机出现之前，电话的功能也很多，如果你不去玩，很多功能就会废弃不用。有些功能是数字组合而成的，而这种组合是一种人工的，随机的组合，比如"#"键加"666"联系客服。这些组合，并不能在用户头脑里形成自然的对应。苹果带来的革命，是将 iPhone 上的功能和日程生活中我们所要做的事，很好地对应了起来。你不再需要去强记是功能键加上某某键才达成需要的目标。点击电视机图样的图标，可以直接去看视频，这样即便是对技术存在畏难情绪的老人，也可以在稍加指导后上手使用。

及时反馈（feedback）：这个原则是指使用者采取了某个行动，会有及时、明显的反馈。汽车设计就是好例子，汽车上的每个功能执行起来，都会有即刻的反馈，如果反馈错了，结果可能会出人命，所以他们这方面特别注意。

《设计心理学：日常的设计》一书封面上有一只茶壶，茶壶的壶嘴和把手在同样一边，如果你倒茶，你就很有可能把自己烫伤。有问题的设计几乎无处不在。有时候不出点事情，还没有人想起来去追究设计者的责任。据说有个笨贼，偷到人家的车库，结果无论如何打不开车库之门。而主人又出去度假数日。笨贼在车库里饿了几天，冻了几天，吃够苦头。主人回家后，笨贼终于逃出，头一件事就去控告车库主人，说这车库门设计不合理，造成自己身心健康蒙受损失。官司居然赢了。

从教育的角度来看，现在人人都说以学生为本的教育（student-centered education），就是说，真正设计给学生的教育，应该体现日常事物设计同样的理念。比如课程的设计里，应运用上述原则：

表10.2　设计原理在网课设计中的运用

设计原则	好的网课设计	不好的网课设计
名实一致	• 功能使用恰当，比如用讨论的工具开展讨论。	• 功能误用，用讨论的工具收发作业。 • 功能滥用，比如老师熟悉测验工具，便使用该工具去"包治百病"。
使用限制	• 一个萝卜一个坑，学生不需要费脑子在不同地方找同样的东西。 • 老师的内容设置从一个单元到另外一个单元有一定的规律。 • 一个内容只有一个版本。	• 学生从不同的路径，均可以找到同样的内容。 • 看不出老师有任何规划。 • 内容放置混乱，且不同地方甚至不同学生看到的内容不一样，大家不知道哪个版本是对的。
自然对应	• 如果用图表、缩略语、符号来象征内容，这种象征应该能够容易看出来，而不需要费力琢磨。 • 课程的单元名称应该和老师教学单元的名称（比如周、章节）自然对应。	• 图表、符号过于抽象，看不出和内容的直接关系。 • 学生的精力被这些装饰所分散，无法专注于内容。 • 内容网上一套，线下一套；或是课前的大纲里说一套，老师教的是另外一套；或是老师教的是一套，考的是另外一套。

设计原则	好的网课设计	不好的网课设计
及时反馈	● 学生测验之后，在合适的时间范畴之内，可看到成绩是多少，哪些地方正确，哪些地方错误，正确答案是什么，等等。 ● 作业提交，有提交的相关确认信息。 ● 学生如果点错，应该能得到反馈。	● 学生一项任务提交成功与否根本看不出来，给学生添加焦虑，也创造一些找借口的原因。 ● 系统或者老师没有在合理时间范畴之内，对学生的活动提供反馈。

　　网课学习的体验是需要去设计的。坏的设计或许不会出人命，但会给学生增加失败、失误、困惑、受挫，也会给老师增加不必要的工作。比如选择太多，对应不自然，学生不敢肯定，必然频繁去问老师，耽误老师时间。这也是一些教育者抵触技术的原因。我相信，通过精心的设计，很多学习道路上的坑洞和陷阱都可以避免。学习的体验，设计得越用心，进入学生大脑就越容易，老师自己也就越轻松。

后记 网课的未来

网课在国外一些发达国家已经常态化，但在中国发展并不迅速。2003 年的 SARS 疫情将网课送上马，但是没走一阵，网课又下马自己步行了。2020 年的新冠病毒，把网课再次扶上马，还送了一程。网课的未来是什么？

美国教育技术网 Edsurge 曾发布过一份关于中国网课市场的报告，题为《追寻中国教育技术独角兽：一个暗布危机的故事》（Chasing China's Edtech Unicorns: A Cautionary Tale）。独角兽是一种传说中的动物，力大、狂野，但纯洁而神奇。文中称，中国市场庞大得惊人，机遇前所未有。该报告分析 2000—2012 年间，高校的扩招，使得高校学生从 500 万增至 2400 万。学校面临扩招后教室、师资不足等严重问题，这正是网课大显身手之处。另外，市场机遇还包括中小学阶段的课后辅导，以新东方为代表的国际留学考试辅导，以及以 51Talk 为代表的在线英语学习服务。但是报告也指出，2015 年，中国有 17 亿美元的资金，涌入 44 家教育技术公司，其中只有 5% 产生了利润。有些一度火热，但后续发展乏力，无情地被淘汰。有些终于去美国纳斯达克上市，但存在高管贪腐、财务不清等问题，无从有更好的表现。这中间问题到底都出现在什么地方？又有什么可以改进之处？我想我们有如下三方面的潜力有待发挥：

资本和教育

网课发展中，搅起波澜的，常常是具有雄厚资本实力的创投人士，或是热心于教育的社会名流。由于政策限制，进入正式教育的门槛很高，于是他们在可能是擦边球的网课上做文章，寻求资本回报和社会认可。这是一种值得赞许的社会影响力型投资，前途不可限量。

只不过这中间有一些令人费解的现象：有些有资本的人在喊网课，但是教育家明显缺位，剃头担子一头热。有些做网课公司的人，只是利用市场需要，对于教育本身既无兴趣，也缺乏必要了解，无非是投些钱、招些人，指望获得回报。这些人做的是教育生意而已，问题是这门生意和其他生意非常不一样，仅仅依靠外行，真的会把事情搞砸。

我自己从事网课多年，深知离开了教育者的买账与配合，所有努力都是白费。需要乃是成功之母。任何一个存活并且长足发展的网络公司，都是在解决实际需求当中成长的。同学联络的需要中产生了Facebook，视频分享不便中产生了Youtube，随时随地发起视频会议的需要产生了Zoom。在网课或教育技术领域，如今做大的网课机构，多为教育界出于对现状的不满，在实际需求之中把企业创办起来并发展壮大的。对于教育过程的深切了解，是教育技术产品和平台发展的源头活水。

这里并不是说不要企业界，光指望教育界人士自己折腾。好的教育、创投合作，才是最好的办法。现在美国市场份额庞大的 Blackboard 公司，原为两个康奈尔的学生丹尼尔·凯恩和斯蒂芬·格尔弗斯创办，目的是为了"让教育容易一些"。但仅有教育界，事业无法腾飞起来。这个新产品，直到被教育咨询人士迈克尔·切森和马修·皮汀斯基的公司兼并之后，才迅速发展了起来。同样，后来居上的 Instructure 公司，是杨百翰大学两个研究生布赖恩·韦托马和德福林·戴利做出的产品，投资人乔什·柯兹投资之后才发展起来的。

二者究竟怎样合作？从事创投的人士，不要只想着怎么卖教育，而是和教育界合作，寻求怎么去做教育。做教育需要深切了解教育一线的需求是什么，而不是以某个技术为锤子，把整个世界都当成钉子去捶。如果以技术为驱动，我们总会听到的声音是，还有什么新的，还有什么更强的？大家总是在找更新、更好、更强的产品，指望用它们来摧枯拉朽地解决教育问题，而不踏踏实实利用现有的技术手段，哪怕是不那么新潮而使用方便的手段，让教育和技术在协作中相互成长。其实教育会改变技术，技术也会改变教育。

了解社会需求之后，我们往往会发现，一开始预备的方案或技术手段或许根本都无关紧要。对方需要的是别的一些东西。在慈善事业中，比尔·盖茨可能是最看重技术并运用它去解决问题的。不过，盖茨曾经提出过，养鸡更有可能帮助很多人脱离贫困，而未必是给每个学生发一个平板电脑。技术工具如果不便于人们使用，只能成为摆设，甚至成为教学的干扰；而养鸡解决的实际问题多，简易，容易复制，故而更有可持续性。如果在需求当中，探讨出了方案，并整合了适度的技术，或许更有长效影响。

教育界人士，也不要以回避技术的教学为荣。技术的泛在，给教育提供了空前的机遇，这些机遇你不用别人会用，别人可能争抢你的注意力。比如课堂上带手机，如果你不能用来教学，就可能成为学生刷社交媒体、干扰教学的工具。倘若你先下手为强，利用上面已有的一些应用去做事，那么干扰教学的凶器，就会转化为帮助教学的利器。

教师和技术

网课的长足发展，还离不开学校之内，教师和设计、技术部门的合作。在美国，教育技术分工很细。教育技术部门，负责教学软件的识别、挑选、采购。课程设计部门负责课程设计、质量控制和教师培训，此外还有专门的媒体制作部门。由于技术的整合越来越繁杂，不同平台需要衔接，有些高校甚至有专门从事不同技术整合的人员。由于分工细，各管各的一摊事，中间必然有摩擦和缝隙，但这都比不过老师和支持系统间的恩怨情仇。

支持系统的员工，一般属 12 个月工资制的员工，没有寒暑假，也没有终身聘用制度。教授则多为 9 个月聘用制，有寒暑假，寒暑假期间可以在其他地方受聘，也可以什么都不干，带着家人去休假。他们有终身教授制。二者之间自然也有相互跳槽的，比如有的老师不想教书了，转换成行政岗位。也有员工做工作久了，乏了，跑去读个学位，回来当老师。为什么教育技术从业人员跟老师之间存在思维的差距呢？美国的职业平等意识比较强，清洁工都受到老师和学生拥戴，谈不上歧视，我想关键还是思维的差异。

不管是设计数学课程，还是设计英国戏剧课程，课程设计人员都认为需要遵循特定的学习规律，比如得把教学内容和学生已知内容合理关联，都得告知学生教学目标，都得创造机会让学生消化学习内容，都得提供反馈，等等。所有这些，无论教学是什么内容，都是必须去做的。

"魔鬼在细节里"，如何做这些，则体现出老师的长处来。比如消化学习内容，数学老师可能是让解题，历史老师可能是让写文章。以后高校的教育设计部门，包括课程开发中心，会越来越多。老师不再只是在三尺讲台上一个人完成所有的教学，技术人员会和他们协作。但技术人员和教学人员也会形成冲突：技术人员觉得自己可以无视内容的千差万别，而只视其为面目模糊的框框。这姿态可能会让老师勃然大怒。

让老师因地制宜，为了技术做一些改变，是不是削足适履，用技术去捣乱内容呢？不是。教育设计者和从事教育技术的人员，可以帮助老师，从学习效率、心理激励、时间利用、界面设计等角度改良教学。如果老师意识到这一点，或许两者之间的文化对立就不会尖锐。现在的教育技术，越来越傻瓜化，对技术深度开发要求不高，但是需要在教育设计上下更大的功夫，而这是课程设计应有的长项。

如今，网络教育是热门话题，政府、学校都在推动，这也使得对于技术有所畏惧的老师，不会本能地抗拒、排斥他人的支持。比如教育设计，一向是强调和内容专家合作的，大家寻求以什么合理的方式，将教育技术、教学法和教育内容有机结合起来，这时候三者都需要适当调整，将各方力量最大化。

网课的后来者，要绕开技术和教学谁主导谁，是车拉马还是马拉车这种在教育界存在了多年的无谓辩论。有的人认为教学是主导技术的，技术只是辅佐教学，就好比卡车拉蔬菜，是蔬菜而不是卡车带给了人营养。这么去说，矮化了辛苦的卡车司机。没有他们的运输，种的菜在本地不能消化，卖不出去，也会霉掉烂掉。也有人认为是技术主导教学的，技术是一种触媒，刺激了教学的改变，只要有技术在，老师是张三还是李四有什么关系。惹火了咱还不用你了，找几万里外的王二麻子来用视频教。这也是不对的，技术人员更不可以矮化内容专家。离开了他们，我们一屋子的技术工具都是闲置。其实双方之间，不是车拉马，也不是马拉车，而是两人搭伴上路，一个做主驾驶一个做副驾驶，累了调换。

要想避免教育和技术的摩擦和对立，中国教育界的另外一个机遇，是积极发展教育技术和教育设计学科，让它自身得到尊重，让从业人员能够成为和各个学院其他老师平起平坐的专家。培养成一个梯队，让其掌握技术和教学衔接的本领。他们要比内容专家更懂技术，又比技术人员更懂得学术，大家能在深层次展开思维交流，并把彼此的长处激发出来，或是让其有新的发挥空间。这样大家才会发自内心地彼此尊重和配合。

为此，也得在岗位设置上动些脑筋，比如不要把教学设计专家，放在技术支持下面，使之角色萎缩为电教室召之即来呼之即去处理技术故障的人员。更好的组织设计，是让其在分管教学的领导下面，这样他们和老师是在同一个战壕里并肩作战。唯有这样，他们的建议和协助才会得到更好的接受。

教育的"优步"

除了学校教育之外，中国网课的机遇包括在职培训市场、补课市场的持续繁荣。各式各样的非正式教育，内容从亲子教育到摄影登山，不一而足，各种各样的网课机构在涌现。便捷的社交媒体平台，让很多热心于教育的人士跃跃欲试。各种公开课和慕课，提供了新的学习疆场。

在正式教育中，我们需要打造像"航母"那样的功能强大而齐全的课程管理软件，不要让老师因平台的缺胳膊少腿而施展不开。而非典型教育平台，或者说大众化平台，也可以在非正式教育领域扮演角色。

人的学习，范畴比正式的学校教育要广。我们平时面临各种非正式的教育，比如课后某个难点的辅导，外语口语练习等。另外，我们在生活和工作中遇到很多独特的问题，不需要通过正式注册课程，循序渐进地去学。在这些方面，我们需要点对点的学习机会。优步、滴滴、Airbnb 把用车、用房的人，和租车、租房的人连接了起来。教育领域，可不可以把南京的专家和桂林的新手、上海的老师和安徽的学生对接起来？老式的"传帮带"在新的技术环境下，可以有新的发展生机。教育可不可以像美团外卖那样，让人去点餐订餐？理论上不仅可以，而且更为可行，连物流都省了。但实际上，教育上的这种点对点的需求满足，潜力还没有充分发挥出来，这也和人的观念有关，比如大家觉得坐在四四方方的教室里，有个老师在前面讲课的学习，才是靠谱的学习。现在的网课走红，完全是被瘟疫逼的，否则还不会动。其实沉舟侧畔千帆过，别的很多行业观念都改了，教育界也该多些创新，否则真落伍了。

另外，离开学校后就职的人，需要一些在岗的训练。他们也需要学习社区，以便从中获取信息，激发思考，协同解决问题。社群化的学习充电，可以利用现有的大众化平台软件来实现。人们建立各式各样的微信群，在其中探讨各种问题和做法，就是这种社群化学习的好做法。这方面倒不是需要非常系统化的平台和教学设计，而是让大家在杂乱之中，碰撞出思维的火花来。这种社群化、部落化的社区，属于一种同行社区（Communities of Practice）。

这方面需要做的工作，是让这种社群更为高质、有效。目前来说，我们有两种社群，一种是熟人社群，比如基于亲属、朋友、同事、同学的社群，这里面的沟通功能更强一些，但是形形色色灌水太多。如果在上面耗费时间太多，会造成注意力分散和时间的零散化。

　　另外一种是学习社区。基于同样兴趣的社区，更为优质高效一些。当然，技术方面还需要持续改进。比如可以增加一些能够将讨论话题汇总并分门别类的功能，社群内视频分享的功能，投票功能，等等。或是在群内发言之中，增加一些私聊频道，使得人们不需要互加好友，就可以在集体的分享当中，使那些对具体某个特殊话题有进一步兴趣的人，及时发问和回答。换言之，如果微信群能增加类似答问功能，就可以很好地解决群体发言和私人分享相互矛盾的问题。现有的平台，也可以像谷歌那样，专门成立针对教育机构的分支业务，开发相关产品，比如微信学堂。

　　社群化的讨论，即便平台已经做得很好，也需要有高效的组织。比如社群可以制定、实施一些基本沟通和分享的基本规则，让讨论有组织地深入或拓宽。另外，社群可以设立一些秘书、主持人之类的角色，系统地进行一些组织、整理、邀请，使得话题能够深入、集中，并让每个人的专才得到最大程度的发挥。如何合理地发问和组织，使得讨论由低到高走向深入，这种软技能的训练，也需要投入大量思考、时间和努力。

　　总而言之，无论在功能的改进还是社群学习的经营上，中国的技术应用都有大量创新的空间。希望教育界的"优步""滴滴"们，早日成长壮大起来。

结语

目前，教育技术和网课还是且行且蹒跚的怪兽，远看是独角兽，近看却像只进不出的貔貅——吞下大量资本，并没有吐出来什么。但是我希望我们能找到自己的神兽，如果不是独角兽，玉麒麟也可。很多年前我到了美国，看到很多人家摆放着成排的老式录像带，家家都有录像机。中国则跨越了盒式录像带时代，直接使用 DVD。全球化拓宽了我们的视野，我们也希望中国的网课，能够实现后来居上的优势。不过这不应该只是技术界的问题，也不只是教育界的问题，应该是一个全社会的问题，包括政府部门的支持。新冠疫情期间，我们这里的学区春季整个学期停课，改上网课。有的学生没有电脑，学校会给需要的学生提供一台谷歌笔记本电脑。如果学生无法上网，可以打电话给 211，他们会设法提供帮助。此时公交车使用率会下降，我们的城市让人把闲置公交车开到城内不同地方，提供移动网络热点。我儿子学中提琴，学区的音乐老师还发信息，让小孩来学校领取乐器回家去练习。停课导致有些孩子断炊。学区会给 18 岁以下有需要的青少年，提供免费三餐，在附近中小学发放。学校在停课不停学的同时，停课不停饭。这样的做法，缓解了众多家庭的焦虑。越来越多收费的学习资源，此时免费对公众开放，包括各种数字博物馆和儿童阅读网站。美国最大的数据库之一 JSTOR，也大尺度向公众开放。由此可见，网课的保障，需要不同利益相关人的配合与支持。

疫情拉平了差距，全民都处在在家上学的状态，技术让大家起跑线更直了。我们小孩的学区，在学校停摆期间改上网课，但管理者担心直播会造成网络平台的拥堵，也会让不习惯的老师和学生紧张，于是选择使用非共时的教学，让学生自己在家以各自的方式学习。本来，美国中小学生有的上公立学校，有的上私立学校，有的在家上学（homeschool）。在本章写作的时候，学生全成了在家上学的学生。

这是好学者的狂欢时代。学生想学，不愁没有资源。事实上，我都觉得资源过剩，是富贵病而不是饥饿症。学校发电脑，城市配移动网，学区开放网课资源，学生的学习资源充沛。在这过剩时代，学习资源会不会用，会形成越来越大的差距。在过剩时代，影响学生学习成果的，是强大的技术平台，优化的技术支持，科学的教育设计，经教师培训发展而不断改进的教学，学生的自律与时间管理，家长和其他社会各界的资源和支持等。毫无疑问，网课冲击的，已经不只是授课的方式，而是我们对于教育的全方位思考了。